ACTE V, SCÈNE IX.

JEANNE DE NAPLES,

DRAME EN CINQ ACTES, EN PROSE,

Par M. Paul Foucher;

REPRÉSENTÉ POUR LA PREMIÈRE FOIS SUR LE THÉATRE DE LA PORTE SAINT-MARTIN, LE 17 JUIN 1837.

PERSONNAGES.	*ACTEURS.*
JEANNE II, reine de Naples	Mlle GEORGE.
MARINO BOFFA, grand-chancelier.	M. ALEXANDRE.
OLIVIER DE RIEUX, gentilhomme français.	M. MÉLINGUE.
LORENZO ALOPO, gentilhomme napolitain.	M. SURVILLE.
ATTENDOLO SFORCE, capitaine de condottieri.	M. ROGER.
FABRIZIO MALACARNE, protonotaire.	M. HÉRET.
FRANCESCA, sa nièce.	Mme CHARLES C.
Le grand MAJORDOME du palais.	M. ALFRED.
D. LUIS DE CABRERA, ambassadeur d'Aragon.	M. CHARLES C.
ALTAVILLA, seigneur napolitain.	M. AL. ALBERT.
MATTEO, vieil écuyer de Lorenzo.	M. TOURNAN.
ANIELLO, pêcheur de l'île de Capri.	M. E. DUPUIS.
ANTONIA, sa femme.	Mme DUPONT.
FOSCHINO, lieutenant de condottieri, au service de Sforce.	M. VISSOT.
UN SECRÉTAIRE de la chancellerie.	M. EUGÈNE.
PROSPERO, page des Malacarne.	Mlle LAURE.
GENTILSHOMMES, HOMMES D'ARMES, etc.	

L'action se passe, au premier acte, dans une villa de la reine Jeanne, à Sorrente, en 1414. Au second, dans la même villa, en 1415. Au troisième, dans l'île de Capri. Aux deux derniers, dans le palais de Jeanne II, à Naples.

NOTA. Le premier personnage inscrit en tête des scènes tient la droite du spectateur.

ACTE PREMIER.

Une grande salle d'une villa de la reine Jeanne, à Sorrente. Au fond, une galerie. Dans le lointain, la mer. Fauteuils sur le devant de la scène.

SCENE PREMIERE.

FABRIZIO MALACARNE, FRANCESCA, *très-richement parée.*

FABRIZIO. Cela est dit ainsi, et vous l'épouserez.

FRANCESCA. Un homme sorti de la lie du peuple.

FABRIZIO. Oui; mais il en est sorti; il est maintenant seigneur feudataire de sept châteaux, et va devenir connétable.

FRANCESCA. Ce n'est jamais qu'un paysan parvenu.

FABRIZIO. J'aime mieux un paysan parvenu qu'un grand seigneur ruiné.

FRANCESCA. Un chef de condottieri, qui aujourd'hui me donnera un palais pour asile, et demain ne m'offrira qu'à peine une tente, si la victoire la lui laisse!

FABRIZIO. Puisqu'il a toujours été vainqueur.

FRANCESCA. Quitter ainsi une famille...

FABRIZIO. Dont vous vous souciez tant!

FRANCESCA. Une patrie...

FABRIZIO. Que vous ne seriez pas très-éloignée de quitter dans une autre compagnie, peut-être, si, pour être à celui que vous aimez, il ne vous restait plus que cette ressource. Ecoutez, Francesca, l'union rêvée par votre cœur est impossible, impossible absolument.

FRANCESCA. Croyez-vous que celle qu'on veut m'imposer par la violence ne le soit pas autant? Depuis quinze jours vous avez épuisé avec moi prières, importunités, menaces; vous avez fatigué mon esprit, troublé mon ame, presque altéré ma raison. N'importe, je vous dis que vos projets ne s'accompliront pas, mon oncle. Je sais ce qu'exige l'honneur de notre nom, et Francesca le portera sans tache jusqu'à la mort..... Mais..... je ne veux pas me marier.

FABRIZIO. Vous vous marierez, et dès demain, car Marino Boffa, le grand-chancelier, doit remplacer cette nuit le connétable que nous avons perdu, et je veux que Sforce soit votre mari avant de conquérir sa nouvelle dignité.

FRANCESCA. Quoi! c'est le chancelier qui lui-même a prêté les mains à ce mariage.

FABRIZIO. Lui-même.

FRANCESCA, *à part*. Et moi qui voulais m'adresser à lui, si bon, si juste pour obtenir audience de la reine... Ah! tout m'abandonne à la fois. (*Haut*.) Ainsi vous qui aviez promis à ma mère de m'adopter, de m'aimer comme une fille unique, vous me sacrifiez à un autre penchant!...

FABRIZIO. Lequel?

FRANCESCA. Votre ambition, votre ambition sans pitié; mais je ne me laisserai pas immoler à cette rivale, mon oncle. C'est votre ambition, non pas la nôtre!.. donnez-lui vos jours, non les miens.

FABRIZIO. Francesca, vous êtes injuste; j'ai toujours été préoccupé de votre véritable intérêt, de vos désirs, de vos fantaisies même. Vous aimez la parure, et j'ai voulu, ce soir, quand vous paraissez pour la première fois à la cour, que vous fussiez couverte de diamans à faire douter de la royauté de Jeanne II à côté de vous!

FRANCESCA. Je le crois bien; ma toilette est encore un côté de votre ambition!... Mes diamans ne parent que votre orgueil! Ah! que dirait ma pauvre mère, si de sa tombe elle pouvait me voir sacrifiée ainsi, elle qui m'aimait d'un amour si dévoué?

FABRIZIO. Votre mère! vous avez bien fait de parler de votre mère, Francesca, vous avez été vous-même au-devant de votre arrêt. Elle vous aimait d'un amour si dévoué, dites-vous? écoutez et jugez si vous étiez pour elle une affection exclusive... Peu de temps avant votre naissance, elle fut séparée d'Ottavio Malacarne, votre père, par une expédition aventureuse où celui-ci servait le roi Ladislas; au retour, son bâtiment fut assailli par une tempête horrible devant le port même!... Votre mère, qui vous aimait d'un amour si dévoué, jura entre les mains du religieux qui recevait sa confession de consacrer aux autels l'enfant dont elle allait devenir mère, si votre père était sauvé. Quand Ottavio fut rentré au port, votre mère se repentit du sacrifice... qui restait à faire; elle acheta bien cher le silence du religieux qui avait reçu son vœu écrit. Mais celui-ci en mourant a remis ce papier entre les mains de l'archevêque qui vous réclame maintenant, et qui menace d'en appeler au Saint-Père si vous résistez; et vous le savez, l'archevêque est tout puissant auprès de la reine, et l'archevêque, ainsi que la reine, dépendent du Saint-Père: vous n'avez donc nul espoir de refuge. Voilà ce qu'avait fait votre mère qui vous aimait d'un amour si dévoué...

FRANCESCA. Le cloître, le cloître, juste ciel!.. et c'est ma mère qui a changé le tombeau de mon père en un cloître pour moi!.. comme si ce n'était pas seulement vouer une autre victime aux coups de la mort...

FABRIZIO. Cet effroi du couvent me paraît au moins excessif dans une jeune fille qui ne veut pas se marier, dit-elle; remarquez, du reste, Francesca, que je ne veux pas vous vouer au couvent, parce que vous vous refusez l'hymen glorieux qui serait envié de toute autre; seulement je ne suis pas assez fort pour vous défendre seul contre les droits de l'église. Ses réclamations impitoyables, qui ne respectent pas la nièce du protonotaire, ne peuvent s'arrêter que devant la femme du grand-connétable, dont le crédit sera utile à l'archevêque. Ainsi épousez Sforce, salut pour vous, asile contre le couvent, gloire pour tous...

refusez-le; mais alors je ne puis vous refuser au cloître qui vous réclame.

FRANCESCA, *à elle-même.* O mon Dieu! mon Dieu! vous m'accablez sans pitié!... depuis quinze jours je lutte contre une persécution qui ne me laisse point de relâche et qui gagne sans cesse sur ma résistance, et voilà, mon Dieu! que vous m'enlevez tout courage, que vous m'ôtez le droit d'attester le souvenir de ma mère!... en détruisant ma plus chère croyance... vous me faites douter de tout... oui, de tout, même de lui... Ah! je le sens... on n'est jamais vaincue tant qu'il vous reste un seul appui... mais lorsque votre dernier soutien... votre plus aimé vous manque, il faut bien que l'on succombe... je succomberai.

FABRIZIO. Voici le capitaine Sforce..... dites-lui à lui-même que vous le refusez, si vous persistez encore dans vos intentions.

FRANCESCA. A lui-même!.. oh! non!... non!... cet homme a un regard qui fait peur!... il y a en lui une force qui vous écrase rien qu'en vous approchant!... Mon oncle, sauvez-moi de lui.... sauvez-moi de lui!

FABRIZIO. Lui seul peut vous sauver, Francesca.

SCENE II.

SFORCE, *arrivant par le fond,* FABRIZIO, FRANCESCA.

FABRIZIO. Nous vous attendions avec impatience, seigneur capitaine. Voici ma nièce. (*A part.*) Tout va bien, et dès demain, je pense...

SFORCE, *à part.* Il suffit. (*Haut.*) Votre nièce! Ah! je suis encore plus heureux que je ne pensais... et l'on devra me pardonner, en la voyant, l'importunité si pressante de mes recherches. Dès ce soir je pourrai présenter mon épouse à la reine. A neuf heures, Jeanne II doit sortir de son appartement, et mon bonheur alors deviendra une gloire en se manifestant à tous.

FRANCESCA. Seigneur Sforce, je suis reconnaissante... du prix que vous semblez attacher à ma main... mais ne peut-on différer?...

FABRIZIO. Impossible, Francesca; je n'ai demandé à vous présenter au baisemain de la reine que dans ce but..... Et déjà.... on arrive de tous côtés, voyez!.... Voici don Luis de Cabrera, l'ambassadeur du roi d'Aragon; voici l'archevêque de Naples!

FRANCESCA. L'archevêque!...

FABRIZIO. Il ne pourra refuser de bénir l'alliance de la nièce du protonotaire avec le grand-connétable.

FRANCESCA. Pardonnez-moi, mon oncle... mais la chaleur... je me sens prête à défaillir...

FABRIZIO. Suivez-moi, Francesca. Allons respirer dans la galerie qui donne sur la mer; un peu avant neuf heures nous serons ici, connétable.

SFORCE. Je ne manquerai pas au rendez-vous.

FRANCESCA. Mon Dieu! ne pourrai-je le voir un moment?...

Elle sort avec Fabrizio.

SCENE III.

SFORCE, *seul.*

Je vais donc avoir l'épée de connétable... je ne m'en battrai pas mieux... mais ce n'est plus en campagne que sont maintenant mes champs de bataille... c'est avec le sacrifice de ma liberté que je l'achète pourtant, cette épée, c'est cher... La jeune fille est belle, du moins à ce que j'ai cru voir, car je ne l'ai pas beaucoup remarquée. Il n'importe, c'est bien cher!... surtout pour n'être que connétable. Car, dût cette dignité suffire à mon ambition, elle ne satisferait pas mes condottieri, mes impatiens compagnons de fortune, à qui j'ai promis ma grandeur future pour prix de leurs fatigues et de leurs pèlerinages guerriers. J'ai donné à ces aventuriers mercenaires toutes les jouissances de la victoire: j'ai livré à leurs pillages des cités opulentes; mais ce n'est plus la richesse qu'ils me demandent, ce n'est plus la gloire, c'est une patrie. Ils déserteraient tôt ou tard un chef qu'ils ne pourraient changer en roi. Il faut donc que l'armée de Sforce, cet empire errant, ce peuple de combat, cette nation de passage et de hasard, se naturalise par la conquête dans quelque territoire dont elle aura d'abord servi les maîtres en esclaves. En attendant, il faut acheter l'épée de connétable à quelque prix que ce soit. Cette dignité est un premier échelon..... (*Apercevant Marino.*) Le chancelier?... lui parlerai-je de ma nomination prochaine?... Je n'ose... Fabrizio s'est réservé de me servir d'intermédiaire auprès de la nouvelle reine que je ne connais pas; il m'a cent fois répété qu'en me mêlant moi-même de cette affaire, je l'entraverais... Pourquoi le croire? si j'avais eu de ces timidités-là, serais-je maintenant capitaine de condottieri!... Allons donc! pas de faiblesse!... plus on ose, moins on risque. D'ailleurs le chancelier doit être le plus franc des hommes : tout le monde à la cour en dit du mal. (*Haut.*) Chancelier.....

SCENE IV.

MARINO, SFORCE.

MARINO. Capitaine...

SFORCE. Excusez-moi ; quoique peu connu de votre seigneurie, les services que j'ai rendus au roi Ladislas enhardissent à vous aborder un officier, perdu dans cette cour nouvelle ou il est étranger !

MARINO. Qui a parlé si bien aux ennemis de nos rois, a bien droit de parler à leurs amis... Je vous écoute.

SFORCE. J'avais chargé le marquis Fabrizio Malacarne d'une demande auprès de vous... Mes prétentions au titre de connétable ont été transmises à la reine, grâce à lui qui les a fait valoir.

MARINO. Grâce à lui!... mais croyez-vous que la reine Jeanne ait besoin d'un de ses courtisans pour apprécier le mérite d'un de ses capitaines? Dieu merci! elle qui porte avec une si mâle énergie le fardeau de la couronne n'avait pas attendu les sollicitations du protonotaire pour assigner dans sa pensée cette récompense à vos services!

SFORCE, *à part.* Et lui qui m'avait fait accroire que son crédit seul... Ah! mon pauvre Sforce, dans les guerres de cour tu n'es encore qu'une mauvaise recrue..... (*Haut.*) Ainsi le marquis Fabrizio n'est pas le seul auteur de ma nomination, si je l'obtiens?

MARINO. Capitaine, je ne suis ministre que depuis l'avénement de la reine Jeanne, qui était comme une fille pour mon amour avant de devenir ma souveraine, et que j'ai toujours suivie, malgré mon âge... même dans sa grandeur. J'étais auparavant magistrat, et je n'ai accepté mes fonctions nouvelles que pour appliquer la justice du magistrat à la politique du ministre. Cette ligne de conduite m'a déjà valu la haine mortelle du conseil d'état, et, je crois, de tout ce qui n'est pas le peuple et la reine. Il n'importe, j'y persisterai. Jugez maintenant si j'aurais fait à un solliciteur la concession du choix d'un connétable, si j'aurais prostitué à la faveur cette épée glorieuse qui porte le salut de l'état au bout de sa lame et qui en renferme la tranquillité au fond de son fourreau!...

SFORCE. Et moi qui achetais au prix de ma liberté... Ah! je ne me pardonnerai jamais mon innocence.

MARINO. Mais attendez... vous me rappelez une promesse dont le souvenir m'était échappé. Le marquis Fabrizio Malacarne m'avait en effet demandé de lui laisser le droit exclusif de vous annoncer cette bonne nouvelle... Il s'était fondé, en le réclamant, sur l'intérêt qu'il vous portait, sur les liens de famille qui bientôt, disait-il, devaient vous unir.... ce qui m'avait étonné. La nièce du protonotaire est recherchée depuis long-temps par un jeune gentilhomme qu'elle aime, et je croyais cette union approuvée du tuteur, comme elle l'est de tous. Je ne crois pas, du reste, que mon oubli involontaire puisse avoir le moindre inconvénient.

SFORCE. Au contraire, seigneur chancelier, et je ne puis vous dire quel service vous me rendez... (*A part.*) Eh bien! le marquis Fabrizio se faisait payer un peu cher par moi le droit de message. (*Haut.*) L'un des plus fidèles serviteurs de la reine est donc aujourd'hui son connétable?

MARINO. Vous pouvez m'en croire! et mieux encore, prenez ce titre, rendez-vous à la chancellerie; l'épée vous sera remise dès ce soir pour paraître devant la reine.

SFORCE. Ma nomination!.... (*A part.*) Quel malheur de ne pas savoir lire!.. (*Marino remonte la scène.*) Sforce, lorsque, pour consulter le sort, tu as jeté ta cognée dans l'arbre de Cotignola, ce n'est point le hasard qui l'y a retenue, c'est la destinée. Il y avait dans le tranchant de cette cognée de quoi forger mieux qu'une épée de connétable... Oui... oui... la couronne d'Italie est une couronne de fer... Espérance!...

Il sort par la gauche.

SCENE V.

OLIVIER DE RIEUX, DON LUIS DE CABRERA, *ambassadeur d'Aragon,* MARINO, SEIGNEURS *au fond.*

MARINO. Messieurs, la reine ne peut tarder à paraître... la cour sera brillante aujourd'hui.. car, outre les gentilshommes qui en font ordinairement l'honneur, plusieurs nouveaux officiers doivent lui être présentés.

DE CABRERA, *montrant Olivier de Rieux à Marino.* Dites-moi, seigneur chancelier, n'est-ce pas là l'envoyé du prince français, qui ose rechercher la main de la reine en concurrence avec mon maître?

MARINO. Je ne sais... on m'a dit, en effet, que ce gentilhomme vient de France. C'est tout ce qui m'a été révélé à son égard... On le voit partout où se montre la reine...

DE CABRERA. Je veux l'interroger. Vous êtes Français, messire?...

OLIVIER. Je ne le cache pas.

DE CABRERA. Et votre nom?...

OLIVIER. Je l'ai dit en entrant...

DE CABRERA. (*A part.*) Il ne veut pas me répondre. C'est l'envoyé de Jacques de Bourbon. (*Haut.*) L'on connaît les projets de votre maître...

OLIVIER. Et qui a deviné que j'en ai un?

DE CABRERA. Moi, qui en sers un autre.

OLIVIER. Mais je trouve que vous outrepassez les devoirs que vous impose son service.

DE CABRERA. Qui, moi! l'ambassadeur du roi d'Aragon... qui recherche et obtiendrai la main de Jeanne pour le frère de mon maître, je n'ai pas le droit....

OLIVIER. Vous, ambassadeur du roi d'Aragon; excusez-moi, d'après vos questions, je vous avais pris tout au plus pour un chambellan de la reine Jeanne.

DE CABRERA. Messire, cette plaisanterie sent un peu trop le Français...

OLIVIER. Monseigneur, cette fierté est beaucoup trop espagnole!...

DE CABRERA, *la main sur son épée.* Si je ne respectais le lieu où nous sommes et les titres que je porte!...

MARINO, *passant entre les deux.* Eh! messeigneurs, de grâce, point de querelles.

OLIVIER. Vous avez raison, le moins habile doit céder la place à l'autre, et ici je reconnais pour mon maître l'ambassadeur du roi d'Aragon. Un prince espagnol est sur les rangs... un prince qui offre la Sicile. Jacques de Bourbon ne doit plus garder d'espérance!... il ne me reste plus qu'à lui porter cette triste nouvelle. Seigneur don Luis de Cabrera, si vous désirez continuer cette conversation, que ce soit avant demain midi, car demain ma place sera vide au grand hôtel de Saint-Janvier. Jusqu'à demain, à midi, je serai tout à vous, si vous l'exigez.

Il sort.

DE CABRERA. Je ne voulais de lui qu'un départ, je suis satisfait maintenant... Seigneur chancelier, j'aurais à vous entretenir....

MARINO. Je vous suis.

Ils disparaissent dans la foule.

SCENE VI.

LORENZO, MATTEO, *qui sortent d'un groupe et se trouvent sur le devant du théâtre.*

MATTEO. Je vous jure, seigneur, que votre pourpoint fait un mauvais pli, et que votre épée est de travers.

LORENZO. Que m'importe! (*A part.*) Je ne vois pas Francesca.

MATTEO. Comment..... que vous importe!... Au moment où vous allez paraître devant la reine, dont la faveur dispose de votre existence? Tout dépend avec les femmes du premier coup-d'œil; leur jugement se rend en un instant sur ceux que le hasard leur présente, et comme la réflexion seule pourrait le modifier, vous comprenez que c'est un jugement sans appel.

LORENZO. Eh! qu'ai-je besoin de la faveur de la reine? j'attendrai que je l'aie méritée par mes services.

MATTEO. Vouloir parvenir par des services, c'est inutile, si l'on a affaire à des ingrats... C'est toujours bien long avec les princes; vous avez des chances pour arriver plus vite... Laissez-moi serrer votre ceinturon, de grâce...

LORENZO. Et que diable as-tu donc pour me tourmenter ainsi? Laisse-moi.

MATTEO. Négliger de pareils avantages, avoir tous les droits d'être ambitieux, excepté l'ambition.

LORENZO. Et quels droits puis-je avoir d'être ambitieux, moi, pauvre gentilhomme à qui mon père n'a laissé que son nom et son épée?

MATTEO. Vous oubliez sa bonne mine, et n'est-ce rien par les fantaisies royales qui courent?.. Une femme sur un trône, voyez-vous, ce n'est jamais qu'un interrègne de mari ou d'amant plus ou moins prolongé. Je m'y connais, je suis du temps de la reine Jeanne Ire, dont celle-ci ne portera pas en vain le nom. Jeanne Ire eut de bon compte quatre maris, presque tous... infortunés, ce qui double les chances. Devenue vieille, elle adopta même un prince dans son besoin d'affections. Celle-ci n'a encore eu qu'un mari... unique... Vous voyez bien qu'il faut qu'elle se rattrape.

LORENZO, *sans l'écouter.* Est-ce que Francesca ne viendrait pas ce soir? Moi qui depuis quinze jours n'ai pu la rencontrer?

MATTEO. Aussi la reine est-elle le point de mire de toutes les ambitions amoureuses... Les ambassadeurs des rois d'Angleterre, d'Aragon, de Chypre, la demandent pour les frères de leurs souverains. Il y a aussi sur les rangs Jacques de Bourbon, comte de la Marche, un prince français qu'on dit fort bel homme, et je parierais que Jeanne II trouverait volontiers que sa noblesse est la meilleure. D'un autre côté, nos jeunes seigneurs veulent garder pour eux au moins la main gauche de la reine. Ils déploient tous un éclat de parure qui éblouit, et le commerce des drapiers et des orfèvres de Naples gagne cent pour cent au sexe de notre souveraine. Les qualités de Jeanne II servent merveilleusement la prospérité du royaume; mais si la reine avait une ou deux légères faiblesses, l'industrie nationale n'aurait plus rien à désirer.

LORENZO. Et si je comprends ton bavardage tu t'imagines que la reine va tomber amoureuse de moi?

MATTEO. Pourquoi voudriez-vous l'en empêcher?...

LORENZO. C'est cependant ce que je ferais si une aussi bizarre aventure était possible. Toute reine qu'elle est, toute belle qu'elle paraît, toute séduisante qu'on la dit, elle perdrait ses peines... Ainsi donc commence par ne plus perdre tes paroles.

MATTEO. Comment! votre passion de jeune homme, que je croyais oubliée...

LORENZO. Matteo, je n'ai qu'un mot à te dire... si jamais il t'arrive de douter d'un sentiment dont ma vie entière prouvera la force et la durée, malgré le regret que j'aurais de me séparer du vieil écuyer de mon père, je te dirais : «Nous ne pouvons plus vivre ensemble... Je suis venu à la cour pour y retrouver Francesca; je veux être présenté à la reine pour que son service me donne bientôt le droit de prétendre à la main de celle que j'aime. Francesca, c'est mon seul amour! Francesca, c'est toute mon ambition... Jeanne II règne sur Naples, Francesca règne sur moi. Mes amis sont ceux qui m'aideront à l'obtenir, mes ennemis ceux qui se placeront entre elle et moi; notre bonheur, c'est tout mon avenir; l'espérance que j'en ai, c'est ma vie... Je croyais que tu le savais, Matteo; apprends-le donc si tu l'ignores, et songe à me prouver que tu ne m'oublies pas.

MATTEO, *à part.* Allons... il est comme son père... Il faut avec ces gens-là que la fortune fasse toujours les premiers pas... c'est qu'elle finira par se lasser...

LORENZO. Mais où peut-elle être?... je veux la chercher... la retrouver à tout prix...

MATTEO. Y pensez-vous, seigneur?.... quitter cette salle... au moment où la reine va y paraître...

LORENZO. Que m'importe?.. et d'ailleurs il est trop tôt, ma présentation ne peut avoir lieu encore.

MATTEO. Mais si vous alliez la manquer!... Manquer votre présentation, autant vaudrait déserter...

LORENZO. Un jour de bataille...

MATTEO. Pis encore que cela... le lendemain, le jour des récompenses.

LORENZO. Je te dis qu'il faut que je la voie.

MATTEO. Laissez-moi m'informer de l'heure où la reine doit paraître... Promettez-moi de m'attendre.

LORENZO. Allons, je te le promets, et reviens vite...

MATTEO. J'y cours. (*A part.*) J'ai assisté à onze présentations dans la famille!... aucune ne s'est offerte sous d'aussi mauvais auspices!

Il sort par la gauche.

SCENE VII.

LORENZO, FRANCESCA, *entrant rapidement par le fond.*

FRANCESCA. J'épiais le moment où vous seriez seul... j'ai la tête perdue... nous sommes à jamais séparés, Lorenzo?..

LORENZO. Francesca, que dites-vous...

FRANCESCA. On veut me marier...

LORENZO. Nommez-moi celui auquel on vous sacrifie, et bientôt il n'épousera plus personne!...

FRANCESCA. Vous ne savez pas tout encore, Lorenzo; si je ne l'épouse, je suis vouée au cloître par ma mère... oui, ma mère... elle avait condamné elle-même d'avance ma destinée... ses volontés suprêmes, écrites, déposées entre les mains de l'archevêque, sont un titre qui me perd! Oh! ce dernier coup, en m'ôtant la foi, m'a ôté l'espérance... je ne crois plus à rien, même à vous, Lorenzo; puisqu'elle m'avait sacrifiée, elle, vous pourrez bien me trahir, vous!

LORENZO. Moi!... vous trahir!... Oh! ma voix seule ne dément-elle pas cet affreux soupçon!

FRANCESCA. Il y a une autre voix en moi qui le crie... Dieu fasse du moins que ce ne soit qu'après ma mort!

LORENZO. Ecoutez, Francesca, nous avons chacun au doigt un anneau à nos armes, un présent réciproque de notre amour: si jamais je vous trahissais, que celui que vous portez me soit remis! et ce sera l'arrêt de ma mort! Mais je rougis déjà de me justifier..... Que faire? Vous n'avez nul espoir de fléchir votre oncle?

FRANCESCA. Prières, larmes, tout a été inutile, il me faudra plier et périr sous le joug...

LORENZO. Mais lorsque ceux à qui le ciel nous confie nous font de leur autorité sainte le joug le plus odieux, n'est-il pas permis de le briser?... Les droits dont ces protecteurs abusent violemment ne passent-ils pas à ceux qui savent mieux nous aimer?... Francesca, ne suis-je pas déjà votre époux... vous pouvez fuir avec moi?...

FRANCESCA. Fuir avec vous... déshonorer mon nom, ma famille... Oh! jamais, jamais!... Ma tête, affaiblie par quinze jours de lutte, par tant d'horribles secousses, ne peut mûrir un projet, ne peut même enfanter une idée!... Tout-à-l'heure, seule avec mon tuteur, dans cette galerie qui donne sur la mer, je me suis jetée à ses pieds .. Il a été inexorable... alors je lui ai montré les flots, il a ri, l'insensé!....

LORENZO. Mais vous n'avez donc pas dit à ce prétendant que vous ne pouviez être à lui?...

FRANCESCA. Je lui avais écrit avant de savoir le nouveau malheur auquel je suis vouée; cette lettre était restée deux jours sur moi sans que j'osasse l'envoyer!... Tout-à-l'heure, incertaine, éperdue, à tout hasard, je viens de la lui faire remettre... Mais elle ne servira qu'à l'irriter... Mon mariage est un degré pour son ambition, il n'y renoncera point... D'ailleurs ce n'est plus que le moindre de mes périls...

LORENZO. Mais son nom!... le nom de cet homme!...

FRANCESCA. Grand Dieu! je l'aperçois... Il tient entre ses mains... oui... c'est ma lettre... il la froisse avec colère... Ah! je comprends...

LORENZO, *remontant un instant la scène.* Quoi! c'est Sforza... Ah! il vient par ici...

Un page passe sur le côté par la gauche.

FRANCESCA. Prospero, notre page... où vas-tu?

PROSPERO. De la part de votre oncle mander la supérieure de Sainte-Apolline, l'archevêque réclame sa présence.

Il sort par le fond.

FRANCESCA. Allons, tout est dit, je suis condamnée. C'est une réponse à ma lettre.

LORENZO. Que vous a dit ce page?

FRANCESCA. Rien! oh! rien! qui puisse vous inquiéter!... Rassurez-vous, Lorenzo! Oui, d'un côté Sforce qui approche toujours furieux... de l'autre mon oncle qui s'entretient avec l'archevêque... Allons toute espérance est perdue!...

Elle fait quelques pas d'un air égaré.

LORENZO. Vous sortez! (*A part.*) Elle ne peut rester témoin de mon entretien avec Sforce... (*Haut.*) Mais nous nous reverrons bientôt?

FRANCESCA. Je l'espère!... (*A part.*) Les voilà qui approchent.... plus de refuge! plus de ressources.... Adieu! adieu, Lorenzo!...

Elle sort précipitamment par le fond.

SCENE VIII.

SFORCE, LORENZO.

LORENZO. Sforze... A nous deux... à nous deux maintenant!...

SFORCE, *la lettre à la main.* Et dire que je ne puis déchiffrer cette maudite lettre... Ne pas savoir lire!... je n'ai que cela d'un gentilhomme! Il n'importe! comme j'espère devenir quelque chose de mieux, je me déferai de cette ressemblance! C'est de la part de Francesca Malacarne, m'a-t-on dit!... Si elle pouvait me refuser!...

LORENZO. J'ai deux mots à vous dire, seigneur capitaine.

SFORCE. Tout à vous, mon jeune gentilhomme!... Mais auparavant vous allez me rendre un service! Qui que vous soyez, le ciel vous amène à propos, et vous me direz ce que contient cette lettre.

LORENZO. J'allais vous en demander compte!...

SFORCE. Vous! et quel intérêt?...

LORENZO, *prenant la lettre.* Vous le saurez assez tôt!... « Seigneur capitaine, vous re-
» cherchez obstinément mon alliance, et
» rien au monde ne pourrait vous y faire
» renoncer, m'a-t-on dit: serez-vous tou-
» jours aussi inflexible, cependant, quand
» vous saurez que mon cœur appartient
» à un autre, et que vouloir m'attaquer
» dans cet amour, c'est attenter à ma vie
» même.

» FRANCESCA MALACARNE. »

SFORCE, *à part.* Je la lui aurais dictée qu'elle n'eût pas mieux écrit!...

LORENZO. Cette jeune fille est noble et courageuse, capitaine! mais autant elle se montre loyale et fidèle, autant celui qu'elle aime serait lâche et infâme s'il n'allait se placer entre elle et vous, et vous demander raison d'une violence qui le rend aussi malheureux que Francesca, et qui l'offense cent fois plus qu'elle.

SFORCE. Je pense entièrement comme vous.

LORENZO. Eh bien! seigneur capitaine, cet homme qu'elle aime, c'est moi!... ces deux mots suffisent!... Ils vous dictent une rétractation, ou vous demandent un combat!

SFORCE. Un combat!... Je ne demanderais pas mieux, mon gentilhomme!... d'abord c'est mon métier... vous vous y prenez imprudemment, et tout autre qu'Attendolo Sforce serait peut-être forcé de soutenir ses prétentions, rien que pour ne pas céder à une menace!... Mais vingt ans de guerres heureuses, les meilleures armées de l'Italie, formées par moi, et rendues invincibles, sept châteaux et le grade de connétable, conquis à la pointe de l'épée, peuvent me permettre de refuser sans honte un défi!... Attendolo Sforce, mon jeune ami, n'a jamais usé de violence qu'envers des hommes et des ennemis, et placé aujourd'hui entre Francesca et son fiancé... c'est à ce dernier seul qu'il demande sa main!

LORENZO. Vous! est-il possible!... Mais tout n'est pas fini encore, et ce cloître qui la réclame...

SFORCE, *lui donnant un papier*. Que parlez-vous de cloître?... L'archevêque, sur la nouvelle prématurée de mon mariage, m'avait renvoyé ce titre qui menaçait Francesca. La supérieure du couvent en est prévenue, m'a-t-on dit; vous pouvez détruire ce papier.

LORENZO. Capitaine, vous êtes notre sauveur!... Ah! ma reconnaissance...

SFORCE. Dites votre amitié. (*A part.*) Elle est pour moi en dehors du marché; il n'importe, elle ajoute aux bénéfices de la journée... L'épée de connétable conquise, un ami de plus et une femme de moins! Ne rien perdre et tout gagner!... Allons, décidément je profite à la cour!...

Il sort par le fond.

LORENZO. Francesca!... qu'elle va être heureuse!...

SCENE IX.

LORENZO, MATTEO, *très-pâle. Il entre par la gauche.*

MATTEO, *à Lorenzo*. La reine va paraître...

LORENZO. Eh! que m'importe!... la reine... Tu ne sais pas, Matteo, elle est sauvée du cloître qui la menaçait, elle est délivrée du prétendant qu'on lui imposait... Où est-elle? je veux la voir!...

Sourdes rumeurs dans la galerie.

MATTEO. Votre recherche ne ferait que retarder votre rencontre... Attendez plutôt ici... il est impossible que Francesca ne se trouve pas tout-à-l'heure dans cette salle, où la cour entière précédera bientôt la reine...

LORENZO. Ah! mon Dieu! quel supplice!... Attendre, attendre ici, être crucifié à cette place!... moi!... pour qui sa présence est plus que jamais un besoin; car sa présence, ce n'est plus que du bonheur!

SCENE X.

DON LUIS DE CABRERA, ALTAVILLA, MATTEO, LORENZO, SEIGNEURS *au fond.*

ALTAVILLA. Oui!... c'est une triste nouvelle, qui va jeter le deuil dans la fête!...

DE CABRERA. Une belle jeune fille, ma foi, à ce qu'on m'a dit!

ALTAVILLA. Et l'on ignore le motif?...

DE CABRERA. Quelque amour secret et contrarié, sans doute... Quoi qu'il en soit, c'est un déplorable événement!

LORENZO. Que disent-ils donc?... De quel malheur parlent-ils?...

MATTEO. Oh! c'est une nouvelle incursion de ces bandits qui désolent les environs de Naples.... Ils ont brûlé un village.

Il cherche à l'éloigner du groupe.

ALTAVILLA. Mais quel est le nom de cette jeune fille?

DE CABRERA. On ne me l'a pas dit!... On l'a vue se promener quelque temps près d'un balcon; mais elle a saisi le moment où la galerie se trouvait complètement déserte pour céder à son désespoir!... Ce n'est que plusieurs instans après, trop tard pour la sauver sans doute, qu'on l'a cherchée vainement. La seule trace qu'on ait trouvée d'elle, ç'a été son voile, flottant sur les flots...

LORENZO. Mais que disent-ils donc?... Laisse-moi, Matteo, je veux savoir ce qu'ils racontent!...

Il s'approche du groupe.

DE CABRERA. Et l'on n'a pu sauver cette infortunée?...

LORENZO. Grand Dieu!

DE CABRERA. La mer en cet endroit a des tourbillons terribles... Il n'y avait là personne que l'on pût sacrifier... D'ailleurs il eût été probablement trop tard. La lune a permis d'apercevoir à quelque distance un pêcheur sur sa barque. On l'a appelé;

mais l'éloignement et le bruit des flots l'ont empêché d'entendre. Il a disparu à l'horizon.

LORENZO. Mais quelle est donc cette femme qui a péri?...

DE CABRERA. Oh! pour cela, nous l'ignorons encore... Tout ce que je puis vous dire, c'est qu'elle était blonde!

MATTEO. Vous entendez, seigneur Lorenzo, elle était blonde... Ce ne peut être elle...

ALTAVILLA. On m'en avait parlé à moi comme d'une jeune et belle brune.

LORENZO. Ah! les misérables!... les misérables!... qui me retournent le cœur dans la poitrine avec la pointe d'un poignard!...

SCENE XI.

LES MÊMES, LE GRAND-CHANCELIER.

DE CABRERA. Parlez, chancelier, quelle est cette jeune fille?...

MARINO. Cette jeune fille est Francesca Malacarne!

LORENZO. Francesca!... Francesca!... Je veux la suivre!... je l'arracherai aux flots!... ou je m'y ensevelirai avec elle!...

MARINO. Retenez ce malheureux!... Il se perdrait sans la sauver!

Matteo et quelques autres le saisissent.

LORENZO. Oh! mais laissez-moi! laissez-moi donc! Malheur à vous.... si vous me retenez!... Respectez ma douleur ou craignez-la... Laissez moi suivre Francesca, ou prenez garde que je ne la suive pas seul!...

SCENE XII.

LE MAJORDOME, JEANNE II, *entre* LES SEIGNEURS *d'un côté et* LORENZO *et* MATTEO *de l'autre.*

LE MAJORDOME, *annonçant.* La reine!...

Jeanne paraît au fond, dans un magnifique costume de cour.

MATTEO. La reine!... Ah! nous sommes perdus!...

LORENZO. La reine!... Eh bien! tant mieux!... elle ordonnera qu'on me délivre!... O madame la reine, au nom du ciel! secourez-moi!... J'ai perdu celle que j'aimais!... Elle a cherché dans les flots un asile contre une famille de bourreaux!... et après qu'ils me l'ont tuée... ils ne veulent pas que je la rejoigne!... Est-ce que cela n'est pas tout simple, cependant, que je la suive?... Mais elle expire, madame!... Vous me comprendrez, vous!... vous ordonnerez qu'on me laisse!... Mais quoi! toujours!... ces bras qui m'étreignent, qui me retiennent!... Oh! malgré vous je la rejoindrai!... Mes forces sont épuisées!... la vie m'abandonne!... à toi... à toi... Francesca...

Il tombe sans connaissance.

JEANNE. Pauvre jeune homme!

Elle porte la main à ses yeux.

La toile baisse.

ACTE DEUXIÈME.

Le théâtre représente la même salle de la même villa, à Sorrente.

SCENE PREMIERE.

SFORCE, FOSCHINO.

SFORCE, *entrant rapidement.* Mais laisse-moi donc! je te dis que j'ai audience du grand-chancelier à la villa de Sorrente, sans compter que je puis rencontrer le comte Lorenzo, tout-puissant en ce palais.

FOSCHINO. Mais, connétable, ce sont vos hommes qui se sont rassemblés dans la campagne, à la nouvelle de votre retour! ils veulent que le terme de votre exil soit aujourd'hui pour eux celui d'un repos qui leur pèse. Ils prétendent qu'ils s'ennuient faute d'argent, et qu'il leur faut double paie ou la guerre.

SFORCE. C'est-à-dire le pillage.

FOSCHINO. C'est notre supplément de solde.

SFORCE. Mais Naples est en paix, et à moins de les faire battre les uns contre les autres...

FOSCHINO. Alors ils demandent de l'argent : ils se lassent, disent-ils, d'avoir été colporter leur valeur de royaume en royaume, sans être plus riches pour cela!

SFORCE. Il est décourageant, en effet, de sous-louer la victoire à tous les potentats de l'Italie, et de ne la garder jamais pour soi. Mais je n'ai pas d'argent; je suis connétable et non trésorier; me prennent-ils pour un roi ou pour le favori?.. Ah! si j'étais le comte Lorenzo, en ce moment l'arbitre de l'état...

FOSCHINO. Mais ce favori est détesté de tous; les vieux serviteurs du feu roi Ladislas s'indignent de l'avilissement du royaume et de la faiblesse de la reine pour un aventurier sans naissance, sans talens.

SFORCE. Oui, mais non sans valeur!.. la reine peut, du moins, justifier son choix par plus d'une action de bravoure dont le comte de Lorenzo nous a tous étonnés, lorsqu'il prit le commandement d'une expédition qui m'avait été soustrait par intrigue, et qu'il se mit en campagne, il y a un an, un peu après cette catastrophe qui avait paru tant l'affliger, et dont cette villa même fut le théâtre... Il est vrai que dans le poste de général, le comte n'a déployé que des qualités de soldat.

FOSCHINO. Quoi qu'il en soit, le pays, dégradé sous son joug, ne lui tient aucun compte de sa bravoure ou plutôt de sa témérité. Une révolte est imminente, et sans doute une révolution... et dans le désordre général, si vous vouliez...

SFORCE. Je pourrais finir par doubler votre solde.

FOSCHINO. Avez-vous oublié quelles préventions le comte a inspirées contre vous à la reine, et par quelle ingratitude vos services ont été payés?

SFORCE. Oui, l'injustice peut délier de la fidélité, et il y a eu plus que de l'injustice à mon égard. Ces fonctions de connétable que réclamait pour moi le vœu de l'armée, que la sûreté de l'état a forcé de confier à ma vieille expérience, par combien d'humiliations m'en a-t-on fait expier l'honneur, depuis qu'un jeune favori a pris le pas sur les vieux serviteurs du trône! toutes les occasions de gloire lui ont été réservées; on m'avait réduit à n'être plus à la cour qu'un dignitaire inutile... Mais ce n'était pas assez pour le comte.... ma présence oisive était pour lui encore dans le palais de Jeanne II un reproche muet; la vue d'un connétable de fortune gênait ce parvenu de hasard... les affronts ont succédé au dédain vis-à-vis de moi... Partout, aux banquets, aux fêtes royales, la dernière place m'était marquée à dessein, et devant les murmures unanimes que soulevait cette persécution, cette reine imprudente a répondu que c'était encore trop de bonté pour un paysan de la Romagne (*à part*); paysan, soit! mais celui-là a si bien labouré son champ, qu'on y verra bientôt pousser une récolte à laquelle on ne s'attend pas.

FOSCHINO. Enfin, si la reine tombe par son seul aveuglement, si la puissance est offerte à la main la plus forte ou la plus heureuse... croyez-moi.. avec un drapeau de guerre, on peut faire facilement un dais royal.

SFORCE. Foschino, je suis connétable du royaume, je n'ai mis un terme à mon exil volontaire, conseillé par ma dignité, que sur l'appel du chancelier qui me demande mon secours; que ceci te suffise aujourd'hui... d'ailleurs je ne crois pas que les périls de la reine soient encore si grands que tu les fais. Jeanne II n'a point d'ennemis au dehors; elle est aimée du peuple et protégée par l'église... crois-moi, elle peut régner long-temps.

FOSCHINO. Oh! non pas avec le favori... et le jour n'est pas loin...

SFORCE. Silence! ne comprends-tu pas que ce n'est ni l'heure ni le lieu d'un pareil entretien? j'aperçois le chancelier: laisse-nous, mais ne t'éloigne pas...

FOSCHINO. Que dire à vos braves condottieri?

SFORCE. Qu'ils se taisent et qu'ils attendent.

FOSCHINO. Ils attendront!

Il sort. On voit passer au fond de la galerie un homme vêtu très-simplement; le chancelier paraît un instant après et le suit des yeux.

SCENE II.

SFORCE, MARINO, UN SECRÉTAIRE.

MARINO, *au secrétaire, sans voir Sforce.* Connaissez-vous cet homme qui sort par la galerie?

LE SECRÉTAIRE. Non, chancelier.

MARINO. Plus de doute, alors; c'est celui qu'on voit s'attacher obstinément aux pas de la reine. Comment s'est-il introduit dans le château? qu'on le suive et qu'on l'observe.

Le secrétaire sort.

SFORCE. Vous avez réclamé ma présence à la cour, me voici.

MARINO. Le connétable! ah! je savais bien qu'on n'en appelait pas en vain à votre dévouement pour la reine et pour l'état!.. quels que soient les dangers qui nous menacent, je crois encore à notre salut avec un si glorieux auxiliaire; cependant la tâche est difficile et périlleuse : vous savez quel est l'attachement de la reine pour cet obscur gentilhomme, cet ingrat Lorenzo, infidèle à une douleur encore bien récente...

SFORCE. Oui; il y a un an, après la mort de Francesca Malacarne, tout le monde croyait Lorenzo inconsolable; le vieux Fabricio, qui avait tyrannisé sa nièce vivante, avait succombé aux remords et au chagrin de sa perte... Lorenzo ne pouvait faire moins. Mais justement il a paru piquant à la reine de triompher de cette passion posthume; les femmes aiment tant à consoler..: en général, et les reines, en particulier, veulent être toutes-puissantes partout; et, tandis que des princes lui offraient des royaumes en dot, tandis que nos plus beaux gentilshommes rehaussaient en vain leur bonne mine par des ajustemens dont le faste leur coûtait un patrimoine, la reine s'est éprise d'un pauvre jeune homme que ses larmes enlaidissaient, et que sa douleur empêchait d'être aimable. Elle a fait tous les frais auprès de lui; aussi, comment voulez-vous que Lorenzo, qu'un peu de gloire militaire avait déjà consolé, ne finît point par être ébloui? le présent n'est pas éternel, comment voulez-vous que le passé le soit?

MARINO. Si cette passion n'avilissait dans Jeanne qu'une femme ordinaire, ma douleur serait encore immense, car ma vie lui était dévouée avant que l'état en réclamât sa part; mais ce qui doit le plus m'armer contre cette préférence fatale, c'est qu'elle met la puissance et l'existence même de la reine en danger. Une foule de complots ont éclaté déjà, et chaque jour fait naître de nouvelles terreurs. Jeanne n'emploie d'autres armes contre tant de périls qu'une confiance généreuse, poussée quelquefois jusqu'à la folie; il faut à tout prix que Lorenzo tombe aujourd'hui, ou demain Jeanne et Lorenzo tomberont ensemble. La reine, j'en suis certain, peut encore quitter le favori sans rougir, mais il faut les séparer promptement; j'ai en vain épuisé les conseils du ministre, les prières de l'ami; je vous demande votre secours.

SFORCE. Et que voudriez-vous de moi pour servir vos projets?

MARINO. Un mariage digne et prompt peut seul rendre à Jeanne II son pouvoir et la confiance de ses sujets; plusieurs concurrens se présentent : un seul me paraît réunir tout en sa faveur; c'est un prince français de la maison de Bourbon, Jacques, comte de la Marche; sa réputation est éprouvée par des victoires, son ame l'a été par des malheurs; c'est un grand capitaine, qui apportera en dot à la reine une épée qui la défendra, et non un sceptre qui ferait sans cesse plier le sien. Au reste, la noblesse, par mes soins, s'est rassemblée aujourd'hui pour supplier la reine de s'associer un époux; c'est une dernière tentative. Veuillez prêter à cette juste réclamation d'un peuple entier l'autorité de votre nom : vous le savez, la noblesse, quoique se souvenant encore trop de votre naissance, se lève toujours à votre voix pour vous suivre; c'est une habitude qu'elle a prise en campagne; connétable, nous n'avons plus d'espoir qu'en vous. Ah! promettez-moi que vous ne punirez la reine de ses torts à votre égard qu'en la sauvant. Promettez-moi, lorsqu'un seul appui nous reste, que la main la plus forte du royaume ne nous trahira pas à l'heure du danger.

SFORCE. Seigneur chancelier...le connétable Sforce ne démentira pas aujourd'hui la conduite de sa vie passée.

MARINO. Ah! ce mot me suffit: voici la reine qui vient de donner audience à l'ambassadeur d'Aragon; tous les gentilshommes vont se trouver sur son passage; ne vous montrez pas d'abord, je vous appellerai quand il en sera temps.

Sforce sort par la droite, les seigneurs entrent par le fond.

MARINO, *aux gentilshommes*. Messieurs, espérons encore.. Le connétable vient d'arriver pour s'unir à nous.

ALTAVILLA. Le connétable ici!.. sa conduite sera une règle sûre pour la nôtre.

SCENE III.

ALTAVILLA, MARINO, JEANNE, *une lettre à la main*; SEIGNEURS *au fond*.

JEANNE, *lisant*. « Si la reine voulait » monter aujourd'hui sur une de ses galères pour jouir de la beauté du jour » sur le golfe de Naples, et permettre au » plus humble et au plus dévoué de ses » sujets de l'y accompagner, elle rendrait » bien reconnaissant d'un tel honneur le » comte Lorenzo. » Allons! enfin... il y avait près d'un jour entier que je ne l'avais vu; mais cette lettre que m'a remise Matteo prouve qu'il pense à moi. (*Au majordome.*) Que la galère soit prête dans un quart d'heure...

MARINO. Eh bien ! madame, vous avez reçu l'ambassadeur d'Aragon?.... quel a été le résultat de cette audience?.. sans doute, vous avez continué à le ménager? et avez-vous reçu la réponse du Saint-Père?

JEANNE. Vous saurez tout quand nous serons seuls... Pourquoi tous ces gentilshommes rassemblés?

MARINO. Ils veulent vous exprimer leurs craintes pour tous nos intérêts, pour les vôtres, et déposer à vos pieds de respectueuses réclamations, que tous jugent nécessaires au salut du royaume... La reine nous pardonnera de lui répéter encore que peut-être sa vigilance, sa sollicitude infatigable, son énergie, si rare dans son sexe, ne suffisent pas aux exigences du pays et aux besoins de la couronne! Nous ne nous croirons donc pas trop hardis en demandant de nouveau à Votre Altesse que parmi les nobles princes qui recherchent sa main... elle veuille en choisir un pour l'associer à son pouvoir.

JEANNE. Encore des remontrances après des murmures... toujours la même leçon qu'on veut me faire sous toutes les formes... On croit donc ma patience bien longue... voilà cependant assez de temps qu'on en use...

MARINO. Madame, excusez notre témérité; mais votre noblesse, votre peuple entier demandent une réponse... veuillez la leur donner.

JEANNE. Chancelier, avez-vous enfin scellé le titre qui élève le comte Lorenzo à la dignité de camerlingue du palais?

MARINO. Quoi! madame, non contente de l'avoir fait comte, vous persistez, malgré nos prières, à confier cette importante fonction à un officier si jeune, et dont l'élévation subite a soulevé tant de haine!

JEANNE. Ah! silence sur ce point!... Chancelier... j'ai pu tolérer jusqu'à un certain degré l'imprudente leçon que la noblesse est venue me faire par votre voix; mais que je laisse attaquer devant moi mon plus fidèle serviteur... oh! ne l'espérez pas.

MARINO. Mais vous savez, madame, que ce nom fatal a été mêlé justement à tous les malheurs du royaume. Déjà plus d'une sanglante émeute a protesté contre le pouvoir que vous accordez à ce gentilhomme. La Calabre s'est révoltée, le mal gagne jusqu'au cœur du royaume, Naples s'agite à son tour et ne demande peut-être qu'un prétexte... Voulez-vous le donner au peuple en lui jetant pour signal cette nomination qu'il proscrivait d'avance?

JEANNE. Croyez-vous m'effrayer, chancelier? et dussent vos craintes être fondées, croyez-vous que Jeanne de Duras recule devant une révolte, elle qui fut élevée au bruit des armes? Ce bruit ne me rappellerait pas que je suis femme, il me ferait souvenir que je suis la sœur d'un héros. Une dernière fois, chancelier, voulez-vous savoir comment ma dignité protége contre l'envie les serviteurs qui m'ont vaillamment défendue? voulez-vous savoir jusqu'à quel point votre résistance est insensée? Cet officier, auquel vous vous attaquez en ce moment, l'ambassadeur du roi d'Aragon semblait l'avoir désigné devant moi dans une insulte. J'ai laissé à l'ambassadeur du roi d'Aragon deux heures pour sortir de Naples..... C'est la guerre?.... j'aurai la guerre! Cet officier, auquel vous vous attaquez en ce moment, le Saint-Père qui croit avoir en lui un ennemi, me demande son exil, ou sur-le-champ il doit mettre Naples en interdit, et offrir ma couronne à qui voudra la prendre; eh bien! Naples sera mis en interdit, et la couronne offerte à qui voudra la prendre; mais jusque-là je la porterai sans plier.

MARINO. Que de malheurs! Dieu veille sur nous!

SCENE IV.

SFORCE, *qui est entré pendant les dernières paroles de la reine*, ALTAVILLA MARINO, JEANNE.

SFORCE, *à part*. Une couronne à prendre...

MARINO. Eh bien! madame, puisque le peuple et la noblesse n'ont plus voix auprès de vous, vous entendrez quelqu'un que vous n'attendiez pas ici, le connétable, qui a sauvé l'empire sous votre frère, et qui vous demandera de ne pas rendre ses victoires inutiles...

JEANNE, *émue*. Le connétable...

MARINO. Ah! la vue de ce vieux soldat, sacrifié par vous, vous émeut déjà plus que tous nos discours : parlez, connétable, c'est l'intérêt de tout un peuple qui est entre vos mains.

SFORCE. Et l'intérêt du peuple exige que l'on obéisse à la reine... il n'y a jamais de salut dans une révolte... quoi que puisse ordonner ma souveraine, je m'y soumettrai. Ce jour n'a point ramené pour elle à la cour un ennemi de plus, et, quels que soient les malheurs, les humiliations que je dois peut-être au comte Lorenzo, si la reine l'exige, le camerlingue du palais n'aura pas d'auxiliaire plus ferme et plus dévoué que moi.

Indignation de Marino, étonnement des gentilshommes.

JEANNE, *passant du côté de Sforce.* A la bonne heure, connétable ! je vous retrouve le plus dévoué comme le plus vaillant. (*Se retournant vers le chancelier.*) Voilà enfin une soumission qui devrait faire ouvrir des yeux aveuglés.

MARINO. Oh ! oui, madame ; ils s'ouvrent ! ils s'ouvrent enfin !... Encore un traître ! encore un masque qui tombe !.... encore une illusion de moins ! Tout nous trahit en ce jour, jusqu'à l'honneur d'un soldat ! d'un soldat qui déserte avec notre dernière espérance... Connétable ! connétable ! vous m'aviez promis aide et protection pour servir la cause publique... connétable, vous avez manqué à vos sermens ! Désormais vous avez en moi un ennemi implacable.

SFORCE. Je n'aurais pas refusé, si je l'avais dû, la guerre avec la reine : vous comprenez qu'elle ne m'effraie pas avec vous.

MARINO. Eh bien ! puisqu'il n'y a plus que moi dans cette cour qui sache servir Jeanne II malgré elle, et lui déplaire pour la sauver ; puisqu'on voit ses ennemis plier devant elle, c'est aux fidèles à se révolter à leur tour. Oui ! je ne peux plus obéir à une reine qui me commande les apprêts de son suicide.. Si le soin de votre dignité vous fait préférer l'élévation d'un obscur gentilhomme à la sécurité du royaume, je refuse de sanctionner le titre qui élève le comte Lorenzo à la dignité de camerlingue. Que ce titre reçoive sa funeste consécration des mains d'un autre. Moi, qui pleure à la fois, en ce jour, une reine et un royaume, je recule devant tous les malheurs que vous attirez sur nous et sur vous-même... Faites tomber ma tête, s'il le faut ; mais je suis grand-chancelier pour veiller au salut et au repos de tous, et je ne scellerai pas la ruine de l'état avec le sceau de l'état.

Il tire les sceaux de son escarcelle et les jette sur la table.

SFORCE, *à part.* Un de moins encore !... Naples est à moi !

JEANNE. Et vous aussi, Marino ?... Je croyais avoir conservé du moins un ami qui aimât en moi ma gloire et non son influence : je vois que je me suis trompée. Je vois qu'ambitieux comme les autres, l'autorité d'une reine qui ne vous traite pas en maître n'est plus sacrée pour vous. Je ne punirai pas cet acte de rébellion imprudente de votre part ; je me souviens encore de vos longs services envers Naples et envers moi ; mais, quelque douleur que je ressente de renoncer à mon vieux guide au moment d'une route périlleuse... si vous ne reprenez pas les sceaux de l'état pour l'usage que j'en ai ordonné et que j'en ordonnerai encore, une autre main les recevra qui ne les rendra plus. Je vous donne une heure pour vous faire sujet loyal... ou déserteur coupable ; dans une heure on viendra savoir votre réponse.... puisse-t-elle ne pas mettre le comble aux souffrances qui font saigner mon cœur !.. Votre main, connétable ; suivez-moi, vous qui m'êtes revenu dévoué ; et puisse votre fidélité, qui me sert d'appui, servir aussi d'exemple en ce moment !

Elle sort avec Sforce et les gentilshommes.

SCENE V.

MARINO, *seul.*

Allons, tous les maux à la fois ! Le favori maintenant est invincible... aujourd'hui impossible d'attaquer Lorenzo ; dans quelques jours peut-être, impossible de sauver la reine, qui se perd avec lui ! Dans quelques jours la malheureuse Jeanne aura à combattre l'Aragon et l'Eglise avec un peuple mécontent, une noblesse divisée et une armée mercenaire commandée par un connétable infidèle... Et c'est par un homme, par un seul homme que Naples entier doit périr... Malheureux ! que faire ? détacher Lorenzo de la reine, s'il se peut : il n'est que ce moyen ; mais comment ?... Sans doute il ne l'aime pas, car la reine est malheureuse ! souvent j'ai surpris des larmes dans ses yeux ; le favori lui-même semble déchiré de remords ! Le souvenir de cette jeune fille morte, de Francesca, est impitoyable pour son cœur sans doute. Qui sait combien de maux elle nous eût épargnés si elle avait vécu ! à quoi tient le salut d'un empire !.. Que Dieu m'inspire et me seconde !... car ma raison désespère du trône et de l'état. (*Il s'approche de la fenêtre à gauche.*) La reine, toute à ses plaisirs, monte avec insouciance sur sa galère ; le comte lui donne la main... la malheureuse ! elle fête la veille de sa ruine... Mais que vois-je sur le rivage ? encore cet inconnu, cette ombre vivante de la reine !.. Que lui veut cet homme ?

SCENE VI.

LE SECRÉTAIRE, MARINO, *puis* ANIELLO.

LE SECRÉTAIRE. Monseigneur, un homme du peuple est venu vendre au joaillier de la couronne un diamant qui ne pouvait être entre ses mains que par un vol. Le joaillier a fait arrêter ce malheureux ; mais il a refusé de se nommer et d'indiquer sa demeure. On l'a menacé de la torture et de l'emprisonnement perpétuel ; alors il a demandé à vous parler en secret, à vous-même. Il dit que, si l'on veut user d'indulgence envers lui, il fera des révélations qui sauveront une existence illustre.

MARINO. Est-il là?

LE SECRÉTAIRE. Oui, monseigneur.

MARINO. Qu'on l'amène.... (*Aniello entre**.) Parle!.. qu'as-tu à me dire?

ANIELLO. Grâce! grâce, monseigneur!

MARINO. Tu me demandes ta grâce, et je ne connais pas encore ton crime... il n'importe ; parle, si tu as quelque titre à la pitié.

ANIELLO. Ah! si des remords peuvent jamais mériter grâce, qui en fut plus digne que moi! Vingt fois j'ai voulu apporter ma vie à la justice, qui en est maîtresse aujourd'hui ; mais ma vie, elle est nécessaire à un être souffrant: promettez-moi, monseigneur, que vous me la laisserez... Hélas! sans l'infortunée qui en a besoin, elle me serait si odieuse, que votre pardon serait à peine de la clémence.

MARINO. Si ton repentir peut égaler ton crime, tu n'auras pas en vain mis ta confiance en moi... parle.

ANIELLO. Cela suffit dans votre bouche, monseigneur ; écoutez-moi. Je me nomme Aniello, je suis pêcheur à Capri. Il y a un an, ma famille mourait de misère ; depuis trois jours mes enfans me demandaient du pain, et je n'en avais pas pour tous ; un jour encore, mes filets, ma barque allaient être vendus... un jour encore et il fallait mourir. J'errais sombre et désolé sur ma barque ; mes filets semblaient maudits. La nuit était venue ; je passai sous les murs de cette magnifique villa ; les fenêtres étincelantes d'une galerie donnaient sur la mer; une seule ombre s'y promenait; alors une des fenêtres s'ouvrit et je vis apparaître une jeune et belle femme. Je contemplais avec envie sa parure, dont un seul diamant eût suffi pour me sauver, moi et mes enfans. Tout-à-coup cette femme, qui, depuis un instant, semblait en proie à une vive agitation, met le pied sur le balcon et se précipite dans les flots.

MARINO. Que dis-tu?

ANIELLO. La mer, sous ces murs, était dangereuse..... il n'importe ! je m'élançai cependant...

MARINO. Pour sauver ses jours ?

ANIELLO. Non, ses diamans !.. je pensai que tout ce que roulait la mer appartenait au pêcheur. Après avoir cru dix fois périr moi-même, je ressaisis un corps glacé et enlevai ma proie dans ma barque, contemplant, à la lueur de la lune, les trésors que me léguait ce cadavre.... J'arrachai avidement les pierreries de son corsage, de son collier ; mais quand je voulus enlever une bague que son doigt gonflé retenait encore, le cadavre fit un mouvement... la femme n'était pas morte!

MARINO. Quoi! vivante?

ANIELLO. Que faire alors? ramener cette jeune fille à la côte, lui restituer ses bijoux pour demander quelque faible récompense qu'on m'eût peut-être refusée, quand j'avais une fortune dans les mains? Un démon me tenta, je gardai les diamans et j'allais rendre la jeune fille à la mer...

MARINO. Malheureux!

ANIELLO. Mon bon ange ne m'avait pas encore abandonné : je n'eus pas le courage de ce crime. Je transportai à tout hasard l'inconnue dans ma cabane, au fond de ma petite île inhabitée. La tuer pour empêcher ses révélations eût été inutile : elle était folle.

MARINO. Folle!

ANIELLO. On brûla les débris de ses vêtemens, que ma femme remplaça par les siens ; et sous son déguisement, sous l'altération de ses traits surtout, nul ne pouvait la reconnaître. Mais il ne profite jamais le bien dont on n'ose remercier le ciel! Tous mes enfans, pour le salut desquels j'avais commis ce vol, ont succombé l'un après l'autre à une affreuse épidémie, un châtiment du ciel!... Ma femme pleure et accuse l'étrangère de tous nos malheurs. La main de Dieu m'a frappé moi-même ; et, arrêté comme voleur, j'ai demandé à être conduit vers vous, vous dont, en son délire, la jeune fille a quelquefois prononcé le nom, parmi d'autres que j'ai oubliés.

MARINO. Que dis-tu? Je ne puis en croire ce que j'entends... As-tu quelque indice qui me prouve?...

ANIELLO. Voici son anneau dont elle parle sans cesse... je n'ai osé m'en défaire à cause de cela. (*Il le lui donne.*) Je l'avais soustrait à tous les regards.

MARINO. Les armes de Malacarne! Fran-

* Aniello, Marino.

cesca! Francesca!... En combien de temps peux-tu me mener à Capri?

ANIELLO. En deux heures.

MARINO. Partons!

ANIELLO. Mais vous me ferez grâce?

MARINO. Si tu me rends Francesca!

Ils marchent vers le fond; le majordome se présente devant eux.

SCENE VII.

ANIELLO, LE MAJORDOME, MARINO.

LE MAJORDOME. Son altesse, tout-à-l'heure, avant de s'embarquer, m'a chargé de vous demander les sceaux de l'état, si vous persistez à vouloir les lui rendre. La reine espère encore en vous; mais si vos intentions n'ont point changé, elle vous demanderait aussi la clef de l'entrée particulière qui, dans le palais de Naples, communique de son appartement dans le vôtre.

MARINO, *reprenant les sceaux sur la table.* Dites à la reine que je les garde... On ne doit pas déserter le champ de bataille, quand la victoire est encore possible. (*Au pêcheur.*) Partons!

FIN DU DEUXIÈME ACTE.

ACTE TROISIEME.

L'île de Capri. Au fond, la mer. Sur le devant de la scène, à gauche, une hutte de pêcheur praticable, qui partage à peu près la scène en deux. Porte dans l'intérieur de la cabane, à gauche, fermée par une tapisserie, fenêtre au fond. Orage et éclairs.

SCENE PREMIERE.

ANTONIA, *femme du pêcheur en dehors;* FRANCESCA, *pâle, amaigrie, les cheveux épars, la tête courbée, dans un état d'immobilité et de stupeur, assise sur un banc; ses vêtemens sont misérables; de temps en temps elle cherche son anneau sur sa main et semble attristée de ne pas le trouver. Elle est assise sur une pierre à la porte de la cabane.*

Au lever du rideau, tempête sur la mer.

ANTONIA. Aniello ne revient pas... son absence m'inquiète... serait-ce quelque nouveau malheur, quelque suite de la fatalité que cette femme semble nous avoir apportée... n'avons-nous pas assez souffert pourtant!.. pauvre Paolo, il n'est plus là pour jouer au bord de la mer... je ne le vois plus courir et revenir joyeusement chercher un baiser... il est là avec son frère, avec sa sœur!.. tous trois sous le sable à présent... tous trois morts... et c'est l'étrangère... Depuis hier, toujours silencieuse... elle dont le délire nous effrayait! pas un mot, à peine un mouvement.... C'est quelque démon sous une forme humaine... car elle nous a apporté notre fortune et notre malheur... Aniello ne revient pas.

SCENE II.

OLIVIER, ANTONIA, FRANCESCA.

OLIVIER. Je ne me trompais pas en suivant avec ma barque la galère de la reine... j'avais conjecturé qu'elle chercherait dans cette île un refuge contre les flots et la tempête... la voilà qui met pied à terre... Quelles sont ces femmes?..

ANTONIA. Un inconnu!.. et il a vu cette folle...

OLIVIER. Qui êtes-vous?

ANTONIA. Je suis la femme d'un pêcheur, je promène ma fille, une pauvre insensée que Dieu a frappée...

OLIVIER. L'orage va vous amener dans cette île nombreuse et illustre compagnie.

ANTONIA. Nombreuse compagnie... eh bien! il ne manquait plus que cela... Vite, vite... faisons rentrer l'étrangère.

Elle fait signe à Francesca de la suivre : celle-ci ne répond que par un gémissement sourd. Elle la saisit par le bras. Francesca se lève machinalement, la suit, et toutes deux rentrent dans la cabane, la traversent, soulèvent un rideau à gauche, et disparaissent de la scène.

OLIVIER. Voici la reine et sa suite qui se dirigent de ce côté... il faut m'éloigner pour un moment.

SCENE III.

LE MAJORDOME, HOMMES D'ARMES *précédant* JEANNE II *et* LORENZO; *puis* ANTONNIA.

LE MAJORDOME, *au capitaine des hommes d'armes, montrant le côté par où est sorti Olivier.* Je suis certain que voilà l'homme qui suit obstinément les pas de la reine... C'est quelque assassin sans doute... qu'on le retrouve dans l'île et qu'on l'amène mort ou vif... (*Le capitaine des hommes d'armes sort; entre Jeanne donnant la main à Lorenzo**.) Madame, nous venons d'apercevoir ici encore cet homme obstiné dont je vous parlais hier ; mais cette fois, je viens d'envoyer à sa poursuite le chevalier Costanzo, et ce malfaiteur ne pourra échapper.

JEANNE. Qui vous dit que ce soit un malfaiteur?.. pourquoi l'inquiéter?.. pourquoi charger de ce soin Costanzo, dont les manières rudes et violentes amènent toujours quelque malheur?.. Mais où puis-je trouver un abri?.. la pluie commence à tomber.

LE MAJORDOME. Il n'y a que cette cabane... elle est de bien misérable apparence.

JEANNE. Frappez toujours, elle est pour moi autant qu'un palais, si elle me garantit de l'orage... (*A part.*) Comme Lorenzo est morne et silencieux!

LORENZO, *à part.* J'avais demandé à la reine une promenade sur mer pour quitter un peu cette fatale villa de Sorrente, mais c'est en vain, ma tristesse me suit partout.

Le majordome frappe, Antonia sort.

ANTONIA. Que me voulez-vous, mes bons seigneurs?

LE MAJORDOME. Un abri contre la pluie pour une noble dame.

ANTONIA. Oh! ma cabane est bien chétive et bien misérable pour recevoir si noble compagnie.

JEANNE. Il n'importe, on te paiera bien.

ANTONIA. C'est que... (*A part.*) Oh! mon Dieu!.. s'ils allaient trouver...

JEANNE. Eh bien! tu hésites... pourquoi ce trouble ?..

ANTONIA. Qui? moi? ma bonne dame... au contraire, je ne suis pas troublée.... mais voyez... il n'y a que cette chambre.

* Lorenzo, Jeanne, le majordome au fond, puis Antonia sur la porte extérieure de la cabane.

JEANNE. Elle suffit... Comte Lorenzo, entrez avec moi, j'ai à vous parler.

Elle entre dans la cabane, et fait signe à Lorenzo de s'asseoir.

ANTONIA, *à part.* Heureusement que l'étrangère est endormie.

JEANNE. Ne rentre pas dans cette salle... avant que je t'appelle.

Antonia disparaît par la gauche, le majordome et les hommes d'armes se dispersent, et cherchent un abri sous les arbres.

SCENE IV.

LORENZO, JEANNE, *dans la cabane.*

JEANNE. Toujours triste, Lorenzo.

LORENZO. Qui? moi?.. mais non.

JEANNE. Oh! je ne me trompe pas... je suis reine de Naples, de Sicile et de Jérusalem ; mes ennemis me disent puissante, et les femmes de ma cour même avouent que je suis belle... On croirait que mon amour devrait avoir le don de rendre un homme bien heureux, puisque ma bienveillance semble déjà si précieuse... Eh bien! non, et vous m'apprenez, Lorenzo, que le bonheur d'un homme est souvent plus difficile à faire que celui de tout un royaume... Vous m'aimez, vous le dites, je dois le croire pour mon excuse; mais il ne suffit pas que vous m'aimiez, il faut que vous soyez heureux et fier de me voir répondre à cet attachement. Lorenzo, il n'y a qu'une preuve de reconnaissance qui dédommage une femme de tous les sacrifices qu'elle veut faire à l'homme de son choix, c'est la félicité de cet homme, et cette preuve-là, Lorenzo, vous ne me la donnez pas.

LORENZO. Que voulez-vous, madame? je suis en butte à tant d'ennemis...

JEANNE. Voyez-vous qu'ils l'emportent auprès de moi?..

LORENZO. Tant de calomnies qui m'attaquent...

JEANNE. Est-ce que je les crois?

LORENZO. On cherche à nous séparer.

JEANNE. Sommes-nous donc si loin l'un de l'autre en ce moment?

LORENZO. Mais mon bonheur est-il aussi grand qu'il pourrait l'être?... Certes votre bienveillance me traite cent fois mieux que je ne le mérite... mais enfin l'amour d'une femme obscure eût fait peut-être plus encore.

JEANNE. Que vos plaintes soient justes ou non, Lorenzo, ce n'est pas là le sujet de votre mélancolie, j'en suis certaine.... et je veux savoir la raison de cette tristesse.

LORENZO. Mais en supposant qu'elle fût réelle, ne suffirait-il pas, pour la motiver, de la vôtre, qui me prouve que la reconnaissance du pauvre Lorenzo ne peut vous rendre tout ce que ses souffrances vous doivent d'adoucissement, tout ce que sa fortune vous doit de gloire?

JEANNE. Eh bien alors! dites-moi le fond de votre pensée, et je vous dirai la mienne.

LORENZO. Ma pensée...

JEANNE. Oh! j'ai peur que nous n'ayons la même... Lorenzo, je suis jalouse...

LORENZO. Jalouse, et de qui?.. et comment?.. ai-je paru remarquer aucune des femmes qui composent votre cour? Voyez la belle comtesse d'Ortona; quand elle paraît à vos fêtes, tous les regards vous quitteraient pour se tourner de son côté, si pour rivaliser avec elle, vous n'étiez que reine... moi seul, ai-je paru m'apercevoir qu'elle existât?..

JEANNE. Aussi n'est-ce pas d'elle que je suis jalouse... celle-là, on aurait pu l'éloigner avant qu'on eût eu le temps de l'aimer... mais pour la femme que je crains, ce parti est impossible.

LORENZO. Alors je tremble pour elle.

JEANNE. Oh! n'ayez aucune inquiétude; je voudrais l'atteindre que je ne pourrais pas.

LORENZO. Elle est donc bien puissante?

JEANNE. Elle est morte.

LORENZO. Morte!..

JEANNE. Elle est plus qu'une reine vivante, et votre trouble, Lorenzo, me prouve que je ne me trompe pas... Oh! il n'y a pas de toute-puissance royale qui puisse combattre victorieusement un souvenir... N'est-ce pas qu'au fond des deux pensées qui nous dévoraient séparément en silence il y avait le même nom... Francesca!

LORENZO. Madame... Ah! vous m'aviez promis de ne jamais prononcer ce nom....

JEANNE. Qui se rattache à tant de regrets pour vous...

LORENZO. Des regrets... je ne puis en avoir à vos côtés..... mais vous m'aviez promis que jamais...

JEANNE. Aussi n'est-ce pas moi qui de nous deux l'ai prononcé la première.

LORENZO. Cependant mes lèvres n'ont pu s'ouvrir...

JEANNE. Lorenzo, vous oubliez vos rêves... Hier, dans le jardin du palais, accablé par la fatigue du jour, vous aviez succombé pendant quelques instans à un sommeil pénible.... je me suis approchée de vous, j'ai écouté vos paroles entrecoupées; vous avez prononcé le nom de Francesca, et vous avez porté à vos lèvres un anneau.

LORENZO. Cela ne se peut!

JEANNE. Voici l'anneau que j'ai ôté de votre doigt.

LORENZO. En effet, il n'y est plus.

JEANNE. Entre tous ceux qui chargeaient vos mains, mon instinct de jalousie ne s'est pas trompé, n'est-ce pas?

LORENZO. Madame, rendez-moi cet anneau.

JEANNE. Jamais.

LORENZO. Oh! il me le faut cependant! Cet anneau est un souvenir qui ne peut nuire à l'amour que je vous ai voué; le conserver est un devoir qui ne gêne point ceux qui m'attachent à vous... c'est une relique d'une sœur, un talisman qui me fait pleurer quand mes larmes m'étouffent... rendez-le-moi, madame, rendez-le-moi!

JEANNE. Vous ne l'aurez plus cet anneau; c'est tout ce qui survit de Francesca... de mon ennemie... je ne puis l'atteindre, elle... je détruirai du moins ce qui en reste.

LORENZO, *se levant et saisissant violemment Jeanne par le bras.* Jeanne, prenez garde à ce que vous dites.

JEANNE, *se levant aussi.* Comte Lorenzo, si j'appelais en ce moment où vous portez violemment la main sur la reine de Naples, rien ne sauverait votre tête; mais je serai plus clémente que vous, et je vous fais grâce.

LORENZO. Oh! pardon, mille fois pardon! ma colère est sans excuse... mais c'est que voyez-vous, madame, ce souvenir....

JEANNE. Oui, votre faute est sans excuse, Lorenzo, car vous avez déchiré sans pitié cette plaie qui me saignait incessamment au cœur... insensée, quand j'ai vu, il y a un an, votre désespoir, touchée jusqu'au fond de l'ame, j'ai voulu essuyer vos pleurs, j'ai voulu éteindre cette cruelle passion qui vous dévorait à mes yeux... j'ai cru pouvoir faire impunément les premiers pas... Aller au-devant de ce qui souffre, il me semblait que pour une reine, ce ne pouvait jamais être déroger!... Malheureuse, qui ne comprenait pas qu'il y avait contagion dans l'amour et surtout dans ses larmes!.. Oh! qu'elle est impitoyable cette jalousie du passé, cette maladie du souvenir, ce souci perpétuel et acharné de ce que vous ne savez pas... de ce que vous ne pouvez jamais savoir!.. Ah! je le sens, je serai toujours la plus faible dans ma lutte avec cette image fatale que j'ai cru chasser de votre cœur et qui m'en exile à présent.. Elle me frappe impunément cette rivale, et je ne puis lui rendre ses coups... Moi, je vieillirai... elle sa pensée sera toujours jeune! moi, je paraîtrai avoir des torts... elle n'en aura jamais, elle, elle est morte!.. O mon Dieu! tant de sacrifices, tant d'abaissement inutiles!.. pour ne pas obtenir de vous, même ce juste retour d'attachement qu'obtiendrait toute femme qui ne serait pas reine, qui ne serait pas noble, qui ne serait pas belle!.. Être toujours immolée à un souvenir, à un fantôme qui attire l'amour et se dérobe à la vengeance!..... O mon Dieu! si c'est là le châtiment de ma faiblesse, il est trop cruel, mon Dieu, j'aime mieux la mort.

LORENZO. Des pleurs!... des pleurs!... ah! Jeanne pardonnez-moi, je suis un ingrat!.. un infâme!.. Faites grâce aux derniers soupirs d'une affection éteinte, qui ne se ranime que par le remords... Mais votre attachement, c'est tout mon bonheur, c'est tout mon orgueil!.. Ai-je pu oublier, grand Dieu! que, seul, noyé dans mes larmes, enseveli dans ma douleur, quand tout m'abandonnait, je vous ai vue apparaître... vous m'avez apporté la lumière dans la nuit, l'espérance dans mon abattement mortel, la vie dans mon tombeau... vous êtes descendue exprès du trône pour relever ce misérable dont on fuyait la douleur comme un fléau!.. Oh! mon existence comptée à vos genoux, heure par heure, mon sang répandu goutte à goutte pour vous, ne suffiraient point à vous payer de cette bonté d'ange que vous m'avez apportée de si haut!.. Ah! laissez-moi oublier que j'ai pu y répondre par une froideur ingrate, par de coupables ressouvenirs! Oh! dites-moi que vous me permettez de mériter ma grâce, si vous ne voulez pas que je meure de honte à vos pieds, où vous m'avez permis de chercher toutes les consolations et toutes les douceurs de mon avenir.

JEANNE. Est-il bien vrai, Lorenzo?.. ce n'est pas envers moi que votre amour se trompe... et Francesca n'est plus pour vous qu'un souvenir?..

LORENZO. Pas même un souvenir, c'est un rêve.

JEANNE. Et s'il se pouvait, ce qui ne peut pas être, que ce rêve fût une réalité pour vous?..... je serais toujours votre préférée?...

LORENZO. Vous me verriez encore chercher à vos genoux mon pardon!

Il baise la main de Jeanne. On entend des gémissemens faibles à gauche du théâtre.

JEANNE. Qu'est-ce que cela?

LORENZO. C'est le gémissement d'un être souffrant qui se réveille..... ou qui meurt.

JEANNE. Mais nous ne sommes donc pas seuls et cette femme nous a trompés!... Holà! à moi!.. (*Antonia reparaît sur le seuil de la porte intérieure.*) Il y a quelqu'un ici qui a pu écouter notre conversation.

ANTONIA. Non, madame, il n'y a personne...

JEANNE. Nous venons d'entendre une voix plaintive... Comte Lorenzo, soulevez cette tapisserie... et voyez...

Lorenzo fait un pas vers la tapisserie, Antonia l'arrête.

*ANTONIA. Non, madame; arrêtez de grâce, je vais tout vous dire. Il y a là ma fille, une pauvre insensée qui dort; elle est folle et endormie, madame... elle n'a pu vous entendre... elle est enveloppée et immobile comme un enfant, dans le manteau de mon mari... tenez, voyez vous-même...

JEANNE, *regardant*. On ne voit pas ses traits... Oh! qu'importe après tout? une fille du peuple, il ne peut y avoir grand mal... (*Bruit en dehors de la scène dans la campagne. Jeanne regarde par la fenêtre de la cabane.*) Mais qu'est-ce donc?... une arrestation... un homme qui se débat... ceci paraît très-grave... Comte Lorenzo, allez, et revenez me dire ce que c'est... (*Lorenzo sort; Jeanne donne une bourse à Antonia.*) Tiens, voilà pour toi et pour ta fille; tu n'as pas à te repentir, tu le vois, de l'hospitalité que tu m'as donnée.

ANTONIA, *à part*. Ah! enfin elle va s'éloigner, je suis sauvée...

Francesca, pâle et échevelée, paraît sur le côté. La reine, qui s'était levée pour sortir, l'aperçoit et la contemple avec étonnement.

JEANNE C'est là ta fille?

ANTONIA, *à part*. Ah! malheur! (*Haut.*) Oui, madame, c'est ma fille.

JEANNE. Pauvre enfant!.. il y a dans ses traits une élévation qui n'appartient pas à la classe où elle est née... la douleur est plus visible encore dans ses traits que l'égarement... c'est peut-être le désespoir en elle qui s'est changé en folie.... Qu'elle approche.

ANTONIA. Ah! mon Dieu!..

Elle fait approcher Francesca.

JEANNE. Je ne sais pourquoi l'infortune

* Jeanne, Lorenzo, Antonia.

de cette jeune fille m'attriste et m'épouvante.

ANTONIA, *à part*. Elle ne la connaît pas, je respire...

JEANNE. Je veux l'interroger.... si un éclair de raison pouvait la ranimer... Quels sont tes malheurs, jeune fille ?.. peut-être as-tu aimé sans être aimée?.. peut-être as-tu été trahie par celui en qui tu te confiais.

Silence de Francesca.

ANTONIA. Oh ! madame, ne persistez pas à l'interroger ; si elle parlait, son délire vous ferait mal.

JEANNE, *à Antonia*. Je m'en chargerai si tu veux ; peut-être les médecins de Naples lui rendront-ils la raison.... Il y a avec moi un seigneur qui va revenir... et il sera de moitié dans mes bienfaits envers l'infortunée.

ANTONIA, *à part*. Un seigneur... il la reconnaîtra sans doute... (*Haut*.) Oh ! non, madame, non ! laissez-moi ma fille ; moi seule puis la guérir... J'entends du bruit... au nom du ciel, laissez-moi la cacher à tous les yeux... la vue d'un étranger pourrait augmenter son mal... peut-être une crise va la reprendre... Oh ! de grâce, madame, laissez-moi la ramener...

JEANNE. Eh bien ! soit... après tout, les malheurs d'un enfant appartiennent à sa mère... et puis pourquoi chercher toujours la vue des larmes? je l'ai déjà éprouvé.... la souffrance est contagieuse pour qui veut trop s'en approcher.

ANTONIA. Enfin...

Elle disparaît à gauche avec Francesca.

LORENZO, *rouvrant la porte*. C'est un homme que l'on voulait arrêter, madame, et qui, en se défendant, a blessé le capitaine de vos gardes.

SCENE V.

LE MAJORDOME, *amenant* OLIVIER, *au milieu de ses hommes d'armes, en dehors*, LORENZO; JEANNE *dans la cabane*.

LE MAJORDOME. Réponds... quel est ton nom, misérable ?

OLIVIER. A une question faite de cette manière... libre, je répondrais comme j'ai répondu à Costanzo.... prisonnier, mon arme est le silence, et vous ne me l'ôterez pas.

LE MAJORDOME. La torture t'arrachera bien un aveu.

OLIVIER. Elle ne m'arrachera pas même un cri.

LE MAJORDOME. Nous la ferons si cruelle...

OLIVIER. Que j'en mourrai... alors je garderai encore mieux mon secret.

LE MAJORDOME. Une dernière fois, veux-tu dire ton nom ?

OLIVIER. Je ne le dirai qu'à la reine.

JEANNE, *qui est sortie de la cabane*. Quel est-il ?*

OLIVIER. Je le dirai à vous seule, madame.

JEANNE. Que tout le monde s'éloigne... Comte Lorenzo, veuillez donner ordre que ma galère avance... le temps est favorable.

LORENZO. Madame, y songez-vous? cet inconnu dont la violence a été funeste.....

JEANNE. Peut-être l'a-t-on forcé à se défendre.... Pourquoi l'arrêter sur un sol libre ?.. je connais Costanzo, et veux interroger moi-même le prisonnier.

LORENZO. L'a-t-on fouillé du moins ?

LE MAJORDOME. Oui, seigneur ; outre son épée, on lui a pris cette dague, et on a ramassé ce papier qui est tombé de son sein dans la lutte.

OLIVIER. Grand Dieu !

LE MAJORDOME. Voyez son trouble.

JEANNE. Donnez-moi l'un et l'autre, et qu'on nous laisse.

LORENZO. J'obéis, madame.

SCENE VI.

OLIVIER, JEANNE, *tous deux en dehors*.

JEANNE. Une dague aux armes de Bourbon... ma dernière lettre au comte de la Marche, datée d'un an... Vous êtes donc au service de ce prince ?.. et en effet, je me rappelle à présent vos traits... il y a un an, vous avez paru un moment à cette cour?

OLIVIER. Oui, madame, je fus envoyé par le prince lorsqu'il annonça des prétentions dont il désespéra en apprenant la recherche du prince d'Aragon.

JEANNE. Depuis ce temps, votre visage semble avoir été tellement altéré par la souffrance, que je ne pouvais vous reconnaître... d'ailleurs, ce n'est point par du sang répandu que devait s'annoncer auprès de moi un chevalier de France !

OLIVIER. Madame, j'errais tranquille dans cette île, dont le sol appartient à tous... Que j'y sois venu sur vos pas, peu

* Le majordome, Olivier, Jeanne, Lorenzo.

importe, aucune loi ne le défend... votre capitaine m'a abordé en m'insultant, moi, le comte Olivier de Rieux, moi gentilhomme français... je n'ai pas cru devoir supporter un affront même d'un de vos serviteurs... (*à part*) et surtout d'une créature du comte Lorenzo.

JEANNE. Le devoir de la reine n'en est pas moins d'exiger une sévère expiation.

OLIVIER. Je suis prêt à la donner de tout mon sang, madame ; il y a des situations où le châtiment est une faveur.

JEANNE. En suivant mes pas opiniâtrément, comme vous l'avez fait, sous un costume qui n'était pas le vôtre, n'aviez-vous pas un but coupable?.. que veniez-vous faire en cette île aujourd'hui même ?

OLIVIER. C'est mon secret... tout ce que je puis vous dire, c'est que, sans les violences de votre capitaine, ce n'eût jamais pu être un meurtre.

JEANNE. Et qui m'en répond ?

OLIVIER. Mon nom, ma parole... les lettres de créance que m'avaient remises Jacques de Bourbon, la preuve de confiance qu'il m'a donnée en me laissant votre écrit entre les mains; et surtout, ce qui vous répond de moi, c'est votre confiance, votre générosité magnanime, qui ne peuvent laisser supposer qu'un chevalier devienne votre assassin... voilà, madame, voilà ce qui vous répond de moi.

JEANNE, *à part*. Il y a dans le regard de cet homme quelque chose qui ne veut pas qu'on doute de ses paroles... Advienne que pourra, que ce soit bonheur ou fatalité qui m'envoie mes inspirations, je les suivrai encore... A moi !.

Le majordome et les autres qui étaient au fond reviennent.

LE MAJORDOME. Eh bien ! madame, vous avez interrogé l'homme qui a frappé le capitaine... quelle vengeance ordonnez-vous de ce malheur ?

JEANNE. Dites une réparation... Où est l'épée enlevée au prisonnier?

LE MAJORDOME. La voici...

JEANNE, *la prenant*. Comte Olivier de Rieux, quoique provoqué imprudemment, vous avez fait aujourd'hui mauvais usage de cette épée !.. Mais vous êtes Français, gentilhomme et envoyé par Jacques de Bourbon, cela me suffit, reprenez-la... que les lois réciproques de l'hospitalité, votre salut aujourd'hui, ne soient plus méconnues par vous, et puisse l'avenir vous mériter votre grâce !...

Elle lui rend son épée.

OLIVIER. Vous me donnez la vie, madame... oh ! ce n'est point un présent que vous me faites ; car elle vous appartient toujours.

LE MAJORDOME. Votre altesse croit anéantir les périls en les affrontant de plus près...

JEANNE. Oui, c'est en allant au-devant que je crois les vaincre; il n'y a jamais de triomphe dans la fuite... (*A Lorenzo qui revient.*) Ma galère m'attend?..

LORENZO. Oui, madame.

JEANNE, *à Lorenzo*. Comte, votre main. (*Au majordome.*) A Sorrente !

Elle sort; dès que sa suite a quitté la scène, Marino et Aniello paraissent par la droite.

SCENE VII.

MARINO, ANIELLO.

MARINO. Je tremblais que la reine ne me vît... je n'aurais pu lui expliquer ma présence... mais je frémis encore qu'elle n'ait découvert Francesca... tout serait perdu... Entrons vite, et amenez-la.

Il entre dans la cabane avec Aniello.

SCENE VIII.

MARINO, ANIELLO, FRANCESCA.

MARINO. Francesca!... ah! qu'elle est changée! serait-il trop tard?.. (*Il la prend sur ses genoux.*) Cherchons à ranimer la raison et la vie chez cette infortunée !.. Francesca, me reconnaissez-vous?.. (*silence de Francesca*) c'est moi, Marino, votre ami..... Morte à toutes les impressions !.. Francesca !.. rien ne la frappe... pas même son nom !.. rien qui puisse lui faire retrouver ses souvenirs..... l'esprit semble éteint en elle..... Si j'interrogeais son cœur?..., Francesca, vous rappelez-vous Lorenzo?

FRANCESCA, *se ranimant*. Lorenzo !

MARINO. Ah ! il y a encore dans ce cœur une flamme où sa raison peut se rallumer... si je pouvais... oui, par cette fenêtre, on distingue Lorenzo aux pieds de la reine, sur la galère... Mon Dieu ! que le coup ne soit pas trop terrible.... mais le temps presse... il le faut... Francesca ! Francesca, regardez.

Il amène Francesca devant la fenêtre et lui montre Lorenzo et la reine qui passent au fond sur la galère.

FRANCESCA, *regarde machinalement, puis elle pousse un cri*. Ah ! Lorenzo ! c'est lui... (*Cherchant à son doigt un anneau.*) Il n'y est plus !.. Lorenzo ! ah ! je suis perdue !..

Elle pleure.

MARINO. Pauvre enfant ! Oh ! mon Dieu ! je te remercie, l'infortunée a retrouvé la raison.

ACTE QUATRIÈME.

Une chambre des appartemens particuliers de la reine.

SCENE PREMIERE.

JEANNE, *assise*, LORENZO, *entrant*.

LORENZO. Vous venez de me faire mander, madame, et je me rends à vos ordres.

JEANNE. Asseyez-vous, Lorenzo.

LORENZO. Je vous écoute.

JEANNE. Hier, dans l'île de Capri, vous avez laissé échapper au milieu de notre entretien une parole qui est restée là sur mon cœur comme un souvenir pénible; vous m'avez dit : Votre bienveillance me traite cent fois mieux que je ne le mérite; mais enfin, une femme obscure eût fait peut-être plus encore pour moi que la reine.... Je ne ferai point de réponse pour le moment à cette accusation; mais ce matin, j'ai fait en secret composer, par un jurisconsulte célèbre, un manifeste qu'il a écrit sous mon inspiration, et sur lequel je désirerais votre avis, avant de le faire distribuer au peuple.

LORENZO. Quel bonheur ce serait pour moi si cet avis pouvait vous être utile!

JEANNE. Voici cet écrit.

LORENZO, *lisant*. « Napolitains, on » m'impose, comme l'accomplissement » d'un devoir, le soin de choisir un » époux. Mais je ne crois pas qu'il con» vienne plus à vos intérêts qu'à la dignité » de ma couronne d'aller chercher, pour » gouverner Naples, un prince étranger » qui changerait le pouvoir de patrie. Ne » vaudrait-il pas mieux un vaillant gentil» homme choisi dans le sein de la nation, » et qui se serait fait remarquer par sa va» leur?.. » (*Il lit à voix basse.*) Se peut-il! moi! roi de Naples! moi, votre époux! Vous auriez pu former ce projet, madame?

JEANNE. Et maintenant, répondez? Une femme obscure aurait-elle fait pour vous plus que je fais en ce moment. J'ai longtemps hésité, il est vrai; j'ai craint la jalousie de la noblesse, les préventions du peuple; mais la publicité d'une préférence que mon cœur n'a pas su cacher soumet votre présence auprès de moi à tous les dangers, à toutes les amertumes d'une royauté, sans que vous en ayez pour me protéger les droits et le pouvoir. Vous voyez bien, Lorenzo, qu'au milieu de tant d'ennemis déclarés ou d'amis perfides, au moment de graves événemens peut-être, il me faut revêtir du pouvoir un conseiller sûr, un défenseur vaillant, à qui je puisse confier ma sûreté, et n'est-ce pas, Lorenzo, que je ne pouvais pas mieux choisir?

LORENZO. Vous n'en pouviez choisir un plus dévoué... mais je ne suis pas digne de tant d'honneur.

JEANNE. Ecoutez-moi, Lorenzo, je vais ce soir à la cathédrale; j'y fais célébrer un service; c'est le second anniversaire de la mort de mon frère Ladislas. Toute la noblesse, tous les dignitaires, tout le peuple, m'y attendent. Après cette cérémonie où ma présence serait un devoir sacré, quand même votre intérêt ne m'y appellerait pas, je parlerai dans la cathédrale même à l'archevêque, et l'instruirai de mon dessein; il dépend de moi par son ambition, et l'église napolitaine bénira notre union en dépit de Rome. Je rentre pour me préparer à la cérémonie; vous m'accompagnerez, et, en attendant, relisez cette proclamation qui doit nous gagner le peuple, et lui promet nos bienfaits; puis vous monterez à cheval, et ferez le trajet auprès de ma litière, afin que je vous sente là, toujours... L'heure me presse; adieu, Lorenzo; je vous quitte, mais non pour long-temps.

LORENZO. Ah! vous êtes un ange! Au revoir donc!

JEANNE. Au revoir, sire.

Elle lui sourit, lui donne la main et sort.

SCENE II.

LORENZO, *puis* MATTEO.

LORENZO. N'est-ce point un rêve? Moi, roi avec elle! elle l'a dit, elle le fait annoncer au peuple par cet écrit! Mais puis-je accepter ce bienfait suprême? en suis-je digne ?.. La beauté et le noble cœur de Jeanne m'ont touché jusqu'au fond de l'ame et m'ont enivré malgré moi. Mais je n'ose prendre devant l'autel l'engagement de la rendre heureuse toute ma vie; je craindrais d'y manquer, et ce serait infâme!..D'ailleurs, le choix de la reine, en tombant sur moi, donnerait sans doute le signal de sa perte. Oh! oui, je ne puis accepter cette alliance royale; ce serait peut-être trahison envers Jeanne... et puis, je ne sais... il me semble que mon infidélité envers Francesca morte est cent fois plus coupable si je la vends à une couronne...

* MATTEO, *entrant*. Êtes-vous là, monseigneur ?

LORENZO. Que me veux-tu, Matteo? et quel pouvoir a pu te faire ainsi pénétrer dans les appartemens de la reine?

MATTEO, *à part*. Il ne sait pas que les confidens ont souvent leurs entrées avant les favoris auprès d'une reine qui a une passion en tête.

LORENZO, *bas*. Je soupçonne cet homme d'être plus attaché à ce qu'il croit mon intérêt qu'à moi-même... Serait-il un espion de la reine? (*Haut.*) Que me veux-tu?

MATTEO. Je vous apportais une nouvelle. Je vous avais bien dit de vous défier de ce faux chevalier français arrêté dans l'île de Capri, et à qui la reine a fait grâce.

LORENZO. Eh bien?

MATTEO. Il se dit Olivier de Rieux, envoyé par Jacques de Bourbon; il ne l'est pas plus que moi. Quelqu'un qui arrive de France a vu le véritable Olivier de Rieux mourir au fond d'un château de Bourgogne; ainsi ce ne peut être qu'un de vos ennemis qui s'est glissé pour vous perdre auprès de la reine.

LORENZO. Et qui te le prouve?

MATTEO. Son coup d'essai à la cour n'a-t-il pas été d'attaquer le chevalier Costanzo, qui vous était si dévoué? C'est que vous avez tant d'envieux acharnés!... et dans ce moment, au reste, ils se réjouissent tous.

LORENZO. Et pourquoi ?

MATTEO. Ils disent qu'à la veille d'une guerre avec l'Aragon et avec l'église, au milieu de tant de complots formés contre vos jours, vous serez effrayé vous-même des dangers de votre position, et que vous y renoncerez.

LORENZO. Quoi! ils disent...

MATTEO. Et que vous abandonnerez la reine à tous les malheurs que vous avez attirés sur elle.

LORENZO. C'est pourtant ce que j'allais faire!.. Oh! c'était impossible... je pourrais refuser les honneurs, mais non les dangers du pouvoir.

MATTEO. Mais vous y resterez malgré tout. D'abord j'ai toujours cru à votre élévation; un astrologue me l'avait prédite, un astrologue infaillible.

LORENZO. Et je pourrais abandonner Jeanne en péril... ne pas saisir l'occasion de mettre le pied sur la tête de ces envieux qui bourdonnent à mes oreilles... Oh! non, non... Moi, simple officier, je traiterai ou je combattrai bientôt d'égal à égal avec tous les rois, avec l'empereur, avec le saint-père. Je mettrai ma main dans toutes les mains souveraines, au dessus de cette foule de têtes jalouses et rebelles. Je paraîtrai au palais, dans les cathédrales, sur les places publiques, avec le sceptre et la couronne et le manteau d'or. Je suis trop avancé pour reculer... Je régnerai pour servir, pour défendre Jeanne II, ma souveraine. En ce moment, c'est par obéissance que je dois commander; mon premier devoir de sujet, c'est d'être roi

MATTEO. Être roi! que dit-il?... être roi, lui! se peut-il? l'astrologue ne m'avait pas dit pourtant qu'il s'élèverait jusque là... Ah! bah! il a pu se tromper.

LORENZO. Laisse-moi, Matteo, il faut que je relise attentivement cet écrit.

Il s'assied en lisant la proclamation.

MATTEO. J'obéis, j'obéis.... et c'est à un roi... quel bonheur!

Il sort; au même instant une porte masquée s'ouvre dans le mur à droite, et le chancelier paraît.

SCENE III.

LORENZO, MARINO.

MARINO. Il est seul. Francesca n'a pu supporter encore le trajet; mais n'importe, je l'attends, et je puis toujours parler à Lorenzo.

LORENZO, *à part*. Le chancelier... Cachons-lui cet écrit. (*Haut.*) Ce n'est pas moi sans doute que vous cherchez ici?

MARINO. C'était vous-même, comte.

LORENZO. Votre haine a donc quelque occasion de se satisfaire en ma présence?

MARINO. N'y a-t-il que la haine qui puisse m'attirer auprès de vous?

LORENZO. Mais vous ne dissimulez à personne cette haine que vous me portez, pas même à moi.

* Mattéo, Lorenzo.

MARINO. Elle n'agit point, du moins, par surprise. J'estime en vous, comte Lorenzo, l'officier que distingue une rare valeur; mais j'ai vu avec peine, je l'avoue, que la faveur de la reine, méritée peut-être par vos faits d'armes, devînt, en vous choisissant, le sujet de tant de troubles dans le royaume.

LORENZO. Du moins votre conscience ne peut vous reprocher d'avoir contribué à mon élévation; depuis huit jours que je suis nommé camerlingue du palais, par la reine, je n'ai pu être reconnu en cette qualité, faute du titre que vous avez toujours refusé de sceller.

MARINO. Ce refus était si peu le résultat d'une haine personnelle, que je n'ai pas cru devoir y persister, voici ce titre qui vous manquait.

Il lui présente le papier, Lorenzo s'incline pour le prendre, puis il recule avec épouvante en voyant l'anneau au doigt du chancelier.

LORENZO. Grand Dieu! cet anneau à votre doigt... D'où vous vient-il? de qui le tenez-vous?

MARINO. Cet anneau, est-ce que vous le reconnaissez?

LORENZO. Permettez-moi de le considérer; si je ne me trompe, il doit y avoir un secret.

Il laisse tomber le papier qu'il tenait à la main et se saisit avidement de l'anneau, sur lequel toute son attention s'arrête; Marino ramasse le papier et le parcourt rapidement.

MARINO. Qu'ai-je vu! O malheureuse Jeanne *!

LORENZO, *pâle, agité, d'une voix convulsive et entrecoupée.* Oui, cet anneau, c'est bien le sien... D'où vous vient-il?... Parlez!

MARINO. Tenez, vous laissez tomber un papier.

LORENZO. Qu'importe! qu'importe! répondez-moi.... cet anneau?...

MARINO, *à part.* Ah! il l'aime toujours... Naples est sauvé.

LORENZO. Mais répondez donc!

MARINO. Cet anneau, il me vient... (*Apercevant la reine.*) Dieu! la reine.... Il me vient d'Astolfo, frère de Fabrizio Malacarne. J'ignore qui l'avait donné à ce dernier.

LORENZO. Cette pauvre Francesca! elle l'avait peut-être remis à quelqu'un avant de mourir... Ah! donnez-moi cet anneau, seigneur chancelier.

MARINO, *le reprenant.* Je ne le puis encore; mais voici la reine.

*Marino, Lorenzo.

SCENE IV.

MARINO, LORENZO, JEANNE, *tout en blanc, et revêtue de la couronne. Sa toilette rappelle celle de Francesca au premier acte.*

JEANNE. Encore ici, comte, et vous n'êtes pas prêt à partir... mais il fait nuit pourtant... Quoi! le temps qui m'a suffi pour ma parure, vous ne l'avez pas mieux employé? Qu'avez-vous donc? Pourquoi ce trouble?

LORENZO. Ce n'est rien, madame; j'obéis. (*Au chancelier.*) Nous nous reverrons.

Il sort.

JEANNE. Qu'a-t-il murmuré à vos oreilles?... des paroles de haine?

MARINO. Non, madame, il n'y a plus de haine entre lui et moi; je viens de lui remettre son titre de camerlingue, scellé par moi-même.

JEANNE. Ah! enfin, vous voilà réconciliés... Oh! quel beau jour ce serait pour moi, si je voyais mon plus vaillant défenseur et mon plus habile conseiller réunis tous deux pour mon bonheur!

MARINO. Pour votre bonheur!.... Non, madame, mais pour votre gloire et celle de l'état, ils seront d'accord bientôt, je l'espère.

SCENE V.

JEANNE, MARINO, LE MAJORDOME, SFORCE, SEIGNEURS.

LE MAJORDOME. Madame, le connétable et la cour.

JEANNE. Faites entrer. (*Ils entrent.*) Soyez le bienvenu, connétable.

MARINO, *à part.* Sforce, toujours ce traître!

JEANNE. Nous voilà tous rassemblés, messieurs.... l'heure de l'office est venue, partons.

Tout le monde marche vers le fond. Olivier entre précipitamment.

SCENE VI.

MARINO, JEANNE, OLIVIER, SFORCE, SEIGNEURS *au fond.*

OLIVIER. Madame, madame, au nom du ciel, ne sortez pas.

JEANNE. Que voulez-vous dire?

OLIVIER. Au nom du ciel, ne sortez pas, il y va de vos jours.

JEANNE. Quel est ce danger, et quelles preuves avez-vous?

OLIVIER. Ah! malheureusement je n'ai pas encore de preuves à vous apporter... mais, madame, le péril qui menace vos jours est cent fois plus certain, sur un soupçon que celui qui menacerait tous les nôtres sur une preuve. J'ai moi-même entendu deux hommes dans une rue déserte de Naples concerter un complot contre vous. La reine sortira ce soir en litière découverte, disaient-ils; elle sera vêtue de blanc... il sera facile de la tuer avec une arquebusade. Je me suis approché pour mieux entendre, mais ils ont fui à ma vue, et m'ont échappé à travers cette ville où je suis étranger. Je viens de voir votre litière; elle est découverte; vous êtes vêtue de blanc... il fallait que ces hommes eussent des intelligences dans le palais pour avoir pu le savoir. Ce coup fatal peut être tiré sur votre passage, du milieu du peuple... ou par une fenêtre.... Au nom du ciel, madame, ne sortez pas.

MARINO. Oh! non; la reine ne sortira pas; le salut de l'état réside en elle, et elle n'a pas le droit de le compromettre.

JEANNE. Je regrette d'augmenter ici des inquiétudes peut-être moins fondées qu'on ne pense; mais il faut que j'aille ce soir à la cathédrale, et j'irai. (*A part.*) Et qui préviendrait sans cela l'archevêque? que dirait toute ma cour, tout mon peuple, qui attendent ma présence? Que dirait dans son tombeau mon frère qui attend mes prières?

MARINO. Quoi! madame, vous présenterez ainsi votre tête royale aux coups d'un assassin!

JEANNE. Oui, car là où une tête royale et un assassin se rencontrent, ce n'est pas la première qui recule... Et devant qui aurions-nous donc le pas, si ce n'est devant eux?

MARINO. Ah! madame, que votre généreuse illusion ne vous perde pas! Il y a des crimes qui ne s'épouvantent devant aucune religion, comme devant aucune majesté. Ne hasardez pas des jours adorés.... rien ne vous engage à cette démarche, à laquelle un roi même ne serait pas en droit de s'exposer.... mais une reine... une femme surtout...

JEANNE. Je ne crois pas à ce danger, et d'ailleurs, existât-il, mon sexe même m'ordonne de ne point reculer devant cette occasion du seul courage qui me soit permis... Nous ne pouvons combattre le danger, nous autres femmes, sachons donc l'affronter du moins... Là où un roi frappe, une reine tombe... Plus de bonheur pour eux, plus de gloire pour nous.

SFORCE. Je pense comme Votre Altesse qu'une reine ne doit jamais reculer.

MARINO. Vous avez raison, si derrière elle il y a des traîtres. (*A part.*) Sforce est du complot.

SFORCE, *regardant Marino.* Tu me paieras cher ton soupçon.

OLIVIER. Madame, si vous sortez, je ne vous demande qu'une chose... laissez-moi monter dans votre litière et occuper votre place accoutumée... c'est un honneur insigne, je l'avoue... mais c'est pour aujourd'hui seulement que je deviens ambitieux.

JEANNE. Je vous remercie, capitaine, mais ce que vous demandez est impossible... (*A part.*) Lorenzo en serait peut-être jaloux... (*Haut.*) Les devoirs de la royauté exigent que je sorte... pour la dernière fois laissez-moi passer.

MARINO. Non, madame, vous ne passerez pas!

JEANNE. Marino!...

MARINO, *l'amenant sur le devant de la scène.* Vous ne passerez pas... Jeanne, je ne vous parlerai plus ici de la patrie, dont le nom est toujours dans ma bouche.... je ne vous parlerai plus de ce peuple, dont je vous rappelle éternellement les droits... je ne vous parlerai que de vous et de moi... qui ai changé de patrie sur vos pas, qui vous ai suivie de mon amour à Rome, en Allemagne, à Naples, partout, avant que vous fussiez reine, sans prévoir que vous pussiez jamais le devenir... Jeanne, Jeanne, je sens qu'au moment où vous allez vous exposer aux coups d'un assassin mon cœur est cent fois plus effrayé que s'il voyait ce royaume entier prêt à périr... Oh! qu'est-ce que cela me fait l'état maintenant?.. Jeanne, ayez pitié des larmes d'un vieillard... je le vois, cette sortie-là a pour but secret l'intérêt de Lorenzo... n'est-ce pas?.. eh bien! nous irons ensemble demain; je le servirai, s'il le faut, lui qui vous perd!..demain je l'aimerai...mais aujourd'hui, Jeanne, mon enfant...ma fille... grâce... grâce pour nous deux... N'est-ce pas, Jeanne, que vous ne sortirez pas?..

JEANNE. Pauvre Marino... comme il m'aime!.. Mon bon père... ah! que je suis touchée!... Mais, voyez-vous, il faut que j'aille ce soir à la cathédrale... vous le savez, c'est un service des morts... c'est un anniversaire sacré.

MARINO. Eh bien! je ne vous demande plus qu'une chose... que votre litière soit couverte, et mettez des vêtemens sombres qui ne vous signalent pas dans l'ombre aux coups des assassins!

JEANNE. Allons, je vous l'accorde... c'est bien triste pourtant... vous voulez me sauver et vous me faites porter mon deuil d'avance... mais il faut bien faire quelque chose pour ceux qui vous aiment, et dites que je ne vous sacrifie pas tout!.... (*Au connétable.*) Allez, connétable, et prévenez qu'on m'attende.

Sforce sort. Entre un secrétaire de la chancellerie, qui remet un billet à Marino.

MARINO. Grand Dieu!.. Francesca...

JEANNE. Qu'avez-vous?

MARINO. Ce n'est rien... une affaire pressée, pour la chancellerie... Je vous quitte... j'ai votre promesse, madame, et j'y compte.

JEANNE. Comme vous pouvez compter sur mon amitié... Je vais revêtir une autre parure.

MARINO, *à part.* A bientôt, Jeanne, à bientôt... Merci, je sors tranquille.

Il sort.

SCENE VII.

JEANNE, OLIVIER, *puis* LORENZO.

JEANNE. Je suis reconnaissante, capitaine, de votre dévouement pour moi.... quelle récompense en voulez-vous?

OLIVIER. Le droit d'exercer pour ce jour de péril, les fonctions de capitaine de vos hommes d'armes, inoccupées en ce moment, et l'honneur de protéger la droite de votre litière.

JEANNE. Mais c'est au comte Lorenzo qu'est réservé le privilége que vous demandez.

LORENZO, *en entrant, a part.* Tout ce cortége magnifique que je viens de voir, demain ce sera donc le mien...mais, malgré moi... ce que m'a montré Marino...ce souvenir me trouble...* (*A Jeanne.*) Eh bien! votre majesté n'ordonne pas le départ?

JEANNE. Ce départ est différé... il faut d'abord, par mesure de prudence, que je change de robe... le blanc est trop périlleux aujourd'hui.

LORENZO. C'est dommage, madame, car jamais je ne vous avais vue aussi belle!... (*A part.*) Où donc ai-je admiré une parure semblable...

JEANNE. Vous trouvez?

LORENZO. Oui, je ne puis dire quel charme vous prête cette toilette à la fois simple et riche... ah! vous n'en devriez jamais porter d'autre.

* Lorenzo, Jeanne, Olivier.

JEANNE. Vraiment!... (*A part.*) Jamais il n'a paru aussi ravi à ma vue...

LORENZO. Eh! quelle raison pourrait donc vous faire quitter cette parure?

JEANNE. Oh! rien... des chimères... des suppositions insensées, et, décidément, je la garde. (*A part.*) Au fait, ils ne me tueront pas plus avec une parure qui me sied bien qu'avec une autre.

OLIVIER. Ce qu'avaient obtenu les larmes d'un vieillard, au nom de tout un peuple, un mot de flatterie de Lorenzo suffit pour l'empêcher... (*A Jeanne.*) Mais, madame...

JEANNE. Plus bas...

OLIVIER. Vous oubliez ce que vous avez promis au chancelier... songez au péril qui vous attend, aux balles que ce point de mire va attirer sur votre litière...

JEANNE. Des périls!.. en effet... vous avez raison... il y aura danger auprès de moi ce soir. (*Haut.*) Lorenzo, je ne veux pas que vous m'accompagniez.... restez ici, Lorenzo, et j'exige même plus, donnez-moi parole de ne pas sortir du palais jusqu'à mon retour.

LORENZO. Mais pour quelle cause?

JEANNE. Plus tard vous saurez tout... Ce que je demande, me le refuserez-vous?

LORENZO. Que puis-je vous refuser, madame?...

JEANNE, *à Olivier.* Capitaine, je vous accorde ce que vous m'avez demandé, vous marcherez à droite de ma litière. (*A haute voix.*) Que nul ne puisse entrer dans le palais... Adieu, Lorenzo... (*bas*) je vais vous faire roi.

Elle sort.

SCENE VIII.

LORENZO, MARINO.

Demi-nuit.

LORENZO. Je ne sais... une sombre inquiétude... la vue de cet objet dans les mains du chancelier... Oh! après tout, que prouverait cela?... que Francesca s'était dessaisie de cet anneau avant de mourir.... c'est pour moi une douleur, mais non un remords de plus!..

MARINO, *reparaissant à la porte secrète.* Vous vous trompez, seigneur Lorenzo, Francesca ne s'est point dessaisie vivante de cet anneau... on l'a arraché à son cadavre!..

LORENZO. Grand Dieu! elle aurait été retrouvée?..

MARINO. Mais je conçois vos soupçons! qui a pu ainsi sacrifier à une infidélité un gage d'amour si précieux peut croire que celle qu'il a aimée en est capable aussi.... Qui peut trahir peut calomnier!.. Honte et opprobre!.. Un jeune homme et une jeune fille ont échangé ensemble deux anneaux... fiançailles secrètes et sacrées, qui devaient les rendre éternellement unis sur la terre et dans le ciel! La femme a expiré fidèle, l'homme a survécu coupable... le vivant a perdu l'anneau, la morte l'avait gardé!..

LORENZO. Francesca!.. retirée des eaux, je pourrai contempler ses restes, la revoir encore une fois!

MARINO. Et pourquoi la reverriez-vous? de quel droit voulez-vous reparaître devant elle, vous, infidèle et ambitieux?... Pourquoi la réveiller?.. elle est si heureuse! elle s'est endormie en se croyant aimée... ne troublez pas son dernier repos! Oh! ne profanez pas de vos regards celle qui est morte pour vous avoir trop chéri, car, si ses dépouilles mortelles sont inanimées, l'ame survit.... et qui survit peut souffrir!..

LORENZO. N'importe!.. ces restes inanimés, défigurés, méconnaissables, je veux les revoir... Il restera bien à ce cadavre des genoux pour que je les embrasse..... une main que je pourrai couvrir de mes larmes.

MARINO. Vous voulez revoir Francesca!.. eh bien! vous la reverrez!..... oui, elle viendra vous demander compte de vos sermens... elle va reparaître pour vous punir... Vous appelez Francesca, c'est son spectre que vous évoquez.

LORENZO. Spectre ou cadavre, qu'elle reparaisse!... elle!... elle!... ce qui en reste!... quelque chose d'elle!... Je veux voir quelque chose d'elle...... je ne sais quelle espérance insensée, impossible, la vue de cet anneau, l'influence de vos regards, où je lis un prodige, a fait naître en mon cœur malgré moi... mais il me faut Francesca.

MARINO. Et vous aurez le courage de subir cette apparition terrible, qui vient du monde des morts dans celui des vivans?...

LORENZO. Oui, dût-elle me ramener avec elle du monde des vivans dans celui des morts...

MARINO, *entr'ouvrant la porte secrète.* Regardez!..

LORENZO. Dieu tout-puissant! Francesca!..

Il tombe à genoux; Francesca paraît sur le seuil; Marino disparaît par la porte secrète.

SCENE IX.

FRANCESCA, LORENZO.

LORENZO, *répétant immobile.* Francesca!

FRANCESCA. Non, ce n'est pas Francesca!... Francesca était une jeune fille qu'on aimait, une jeune fille qui est morte avec la confiance d'une tendresse partagée. Cette mort, c'était encore du bonheur. Ce n'est pas plus Francesca qui est ici que ce n'est Lorenzo.

LORENZO. Francesca!... c'est sa voix, c'est elle!.. Francesca, ta main... que je sente ta main... que je sois sûr que tu vis!...

FRANCESCA. Ma main dans la vôtre!... oh! non pas, seigneur comte, oh! non, vous dérogeriez maintenant!

LORENZO. Toi, Francesca, vivante!.... toi, comme autrefois! se peut-il?.. par quel miracle?... dis-moi donc?... Mais tu m'aimes toujours... Oh! grâce pour mon crime!.. réponds-moi... mais pas de colère... pitié... Francesca... prends pitié de moi, dis-moi que tu ne vas pas disparaître, car je dois être insensé... Oh! frappe-moi, punis-moi, écrase-moi... tu en as le droit, je le sais... mais ôte-moi le remords de t'avoir tuée!... que je meure, s'il le faut, mais que tu vives!...

FRANCESCA. Oui, je vis... mon malheur est trop certain... Avant de vous connaître, Lorenzo, mon cœur ne vivait pas, mais il était tranquille; il a fallu que le sort vous présentât à moi pour le faire aimer et souffrir... Quand, abattue par tant de tortures, découragée par tant d'obstacles, égarée par tant de désespoirs, j'allai chercher dans la mort un asile... mon ame ne vivait plus... il a fallu qu'on me rappelât à la lumière... mais, brisée par tant de secousses, j'étais devenue insensible à tout, j'étais folle, ma raison ne vivait plus... il a fallu que l'on déchirât ce voile qui couvrait mon intelligence et lui dérobait un enfer... il a fallu que, frappée par le coup terrible de votre perfidie, je revinsse à toutes les douleurs de l'existence et de la raison.

LORENZO. Oh! oui, oui, tu as le droit de m'accuser, je suis bien coupable... oui, tu m'avais donné dans la tombe un noble rendez-vous, auquel l'honneur ne me permettait pas de manquer... tu y as été fidèle, toi! j'ai déserté lâchement. Oh! je ne prétends pas m'excuser! mais que veux-tu?.. j'ai cherché la mort des combats, elle m'a toujours fui! Oui, on a dû te dire, puisque tu sais tout, avec quelle rage j'avais poursuivi cette mort; avec la même rage elle m'a évité.

Je voulais tomber, on m'éleva ; je voulais un cercueil, et je n'arrivai qu'à un trône... et la vie impitoyable m'a repris, sans respecter ma douleur ; mon sang a recommencé à circuler, mes forces sont revenues, qui ont demandé un aliment... ma tête s'est rallumée, qui demandait des espérances à consumer... Oh! cependant jamais une femme ordinaire ne m'eût rendu aussi coupable ; mais une reine... Il m'a semblé que c'était une autre passion, qui n'était pas une perfidie si grande envers la nôtre... Je n'ai pas cru que ce fût un autre amour, cette trahison devant une couronne, cette infidélité sous le dais. Je n'ai pas été séduit par Jeanne II, j'ai été ébloui par elle... oh! je n'en suis pas moins un lâche, un infâme... mais elle ne t'a jamais remplacée, vois-tu?.. Je ne l'ai jamais aimée, elle, si bonne, si dévouée, si noble, si confiante, elle, envers qui je suis aussi traître qu'envers toi !.... Te dirai-je plus? à travers ma reconnaissance de ses bienfaits, qui me confondaient, il y avait pour elle en mon cœur plus que de l'indifférence; il y avait quelquefois de la haine... Oui, je la haïssais de m'avoir fait manquer à mes sermens, de m'avoir rendu coupable à mes propres yeux d'un semblant d'amour dont elle n'a pas encore cependant tous les droits... Oui, celle qu'entoure l'idolâtrie de tout un peuple, je l'ai quelquefois outragée, je l'ai punie en ton nom de mes fautes, j'ai arraché à ses yeux des larmes qui n'étaient pas encore essuyées quand elle montait sur son trône... Ah! crois-moi, Francesca, tu peux pardonner, car tu as été vengée aussi cruellement d'elle que tu te venges de moi !

FRANCESCA. Oh ! je ne vous accuse pas! je sais bien que, nous autres femmes, nous ne possédons qu'une part bien faible de vos passions. Nous, un amour nous fait vivre ou nous tue ; vous, un amour vous distrait un moment, et vous l'oubliez. Je ne vous en veux pas, Lorenzo; continuez votre route glorieuse, suivez votre noble carrière... Francesca est toujours morte pour vous, puisque Francesca est un obstacle à votre grandeur.

LORENZO. Francesca morte encore pour moi! maintenant, dis-tu?... Nous séparer encore... oh ! non pas! non pas!.. Francesca, il y a un écrit adressé aux Napolitains par la reine, et qui leur annonçait un roi .. Eh bien ! c'était moi qu'il leur annonçait....... Oui, un jour encore, et j'étais l'époux d'une reine... un jour encore, et j'étais roi de Naples, de Sicile et de Jérusalem. Eh bien! demain, je serai sans un titre, sans un grade, fugitif, proscrit sans doute, mais demain je me serai échappé avec toi pour te consacrer ma vie... Il est vrai, je t'ai trahie hier pour une royauté, mais demain je déserterai une royauté pour toi ... je suis tombé bien bas à tes yeux, mais je me relèverai; et, si grand qu'ait été mon crime, ma réparation du moins peut l'égaler.

FRANCESCA. Oh! ce sacrifice est trop grand, Lorenzo... Car, fuir pour moi la reine, c'est perdre plus que la couronne, c'est exposer votre tête! Non je ne puis accepter, voyez-vous? Quand même nous devrions échapper à tout ce qui nous menace... nous ne serions pas heureux... vous devez l'aimer..... cette femme, elle est belle.... elle est reine.... elle flatte votre amour-propre, enchante vos regards, séduit votre cœur... Oh! vous auriez peut-être des regrets, peut-être vous regretteriez votre royauté, moi ma démence! Oh! alors, voyez vous, j'en mourrais.... Non, Lorenzo, non, ce que vous voulez ne se peut pas.

LORENZO. Cela ne se peut pas, dis-tu? Quoi! je t'aurais revue pour te perdre? tu me serais revenue inutilement... oh! c'est cela qui est impossible! Non, Francesca, tu ne peux plus te soustraire à moi ; je t'ai reprise comme tu m'as repris, moi ton bien, moi qui me lèverais du tombeau à ta voix, qui déserterais le ciel pour me jeter sur tes pas en enfer... Tu m'appartiens par mon désespoir, par mes larmes, par mon crime même : Dieu n'a pas fait un miracle pour que tu le rendisses inutile; il a fait battre ton cœur glacé... c'était pour notre amour... il t'a fait revivre... c'était pour moi.

FRANCESCA. Lorenzo !

LORENZO. Écoute : nous allons fuir ensemble... Non, non, on nous verrait, je te perdrais inutilement avec moi. Pars d'abord. Tu sais, près de Pouzzole, la chaumière de ta nourrice, qui te pleure en ce moment, cette chaumière qui nous a réunis déjà en des temps plus heureux. Pars à l'instant, cette nuit... tu m'y attendras.... demain j'irai t'y rejoindre, nous fuirons, et bientôt nous serons unis devant quelque autel que ce soit, je te le jure.

Bruit au dehors.

FRANCESCA. Mais écoute...

LORENZO. C'est trop tard! on vient... tu n'as plus le temps de me donner un conseil... mais de prononcer un arrêt...

MARINO, *reparaissant à la porte secrète.* Francesca, venez, venez..... Il ne faut pas qu'on vous voie ici.

LORENZO. Tu le vois, il faut nous séparer... Eh bien! me condamnes-tu à mort?

MARINO. Mais venez vite, les portes du palais se rouvrent, la reine revient...

LORENZO. Eh bien?..

FRANCESCA. Je pars à l'instant, je t'attendrai...

Elle disparaît.

LORENZO. Ah! enfin!.. Comment tromper la reine et Matteo?

SCENE X.

OLIVIER, ALTAVILLA, LORENZO, ARCHERS, GENTILSHOMMES.

OLIVIER, *le bras en écharpe.* Oui, messieurs, un misérable a osé faire feu sur la litière royale... La reine n'est pas blessée!

LORENZO, *à part.* Que dit-il?.... on a attaqué Jeanne! et, au lieu de la défendre, je la trahissais...

ALTAVILLA. Mais vous-même, seigneur Olivier?..

OLIVIER. Oh! ce n'est rien; du bonheur pour tous : la balle qui a frappé mon bras était destinée au cœur de la reine... vous voyez qu'il est heureux que je sois blessé.

ALTAVILLA. Et l'assassin est arrêté?....

OLIVIER. Pas encore! on va prendre des mesures extraordinaires pour la sûreté de la reine et du royaume, que ce crime, qui sans doute n'est pas isolé, semble menacer maintenant... L'exécution de ces mesures est confiée au grand connétable Sforce. Le voici, il vous en apprendra davantage.

SCENE XI.

LES MÊMES, SFORCE, *suivi d'officiers au fond.*

SFORCE. Oui, tel est l'ordre que la reine vient de me donner. Comme il importe de saisir et de punir promptement tous les auteurs et les complices de la conspiration qui vient d'être découverte, sans qu'aucun puisse s'échapper, toutes les portes de Naples seront fermées, et nul, quel qu'il soit, ne pourra sortir de Naples que par un ordre de la reine, scellé du grand sceau de l'état. Quiconque braverait cet édit serait puni de mort... L'arrêt serait irrévocable si le coupable exerçait des fonctions qui rendissent sa présence nécessaire à Naples en ce moment de crise. Qu'avant une demi-heure, cet ordre soit notifié à tous les gardiens des portes de la ville. L'exécution n'en admet aucune exception, comme l'infraction n'en rencontrerait aucune grâce.

Il dististribue des ordres aux officiers qui le suivent; ceux-ci se dispersent.

LORENZO. Avant une demi-heure, Francesca aura eu le temps de fuir; mais moi, comment ferai-je?

SFORCE *, *à part, regardant Lorenzo.* Que vient-on de me dire? que la reine voulait faire régner le favori! il faut qu'il tombe auparavant, lui et Marino.

LE MAJORDOME, *annonçant.* La reine!

Tout le monde se tourne vers la porte, excepté Lorenzo.

LORENZO. La reine!... malheureux!... que vais-je faire à présent?

* Sforce, Olivier, Altavilla, Lorenzo.

ACTE CINQUIÈME.

Une salle du palais. Sur les murs, une suite de grands portraits. A gauche, une table. Plus loin, un prie-Dieu.

SCENE PREMIERE.

JEANNE, *seule, assise à une table couverte de papiers.*

C'est donc aujourd'hui... oui, tout-à-l'heure je vais donner à Naples un roi, un maître à ma vie... mon Dieu!.. que mon effroi dans ce moment ne me présage pas un repentir... je ne survivrais pas à la perte d'une affection qui me coûte tant de sacrifices...... (*Se tournant vers les portraits.*) Et vous, mes ancêtres, toi surtout, mon frère Ladislas, verrez-vous sans colère cet officier de fortune siéger triomphalement dans votre palais?.. ah! songez que, si le courage heureux a le droit de régner, c'est surtout dans Naples, où des soldats ont jadis fondé un royaume... L'archevêque me secondera... il ne me manque plus pour faire Lorenzo roi... que lui-même... mais je ne puis partir sans lui, et depuis hier soir je n'ai pu le revoir une minute.... c'est le soin de ma sûreté qui me l'enlève sans doute... il faut donc régner en attendant!.. Qu'est-ce que ceci?.. cette lettre n'est pas récente... ah! c'est la dernière de messire Jacques de Bourbon, datée d'un an... D'où vient que Marino l'a remise aujourd'hui sous mes yeux ?.. ah ! c'est que je n'y ai pas répondu encore... depuis si long-temps, c'est avoir été peu courtoise!.. je dois adoucir envers lui mon refus par des marques de mon estime!.. (*Elle écrit quelques mots.*) Comment faire parvenir au prince... mais j'y pense, mon capitaine des gardes est un Français de sa suite... (*Elle sonne, un page paraît.*) Faites venir messire Olivier de Rieux... Oui, il se chargera de mon message, et en même temps je dois songer à récompenser personnellement ce brave capitaine.

SCENE II.

OLIVIER, JEANNE.

OLIVIER. Me voici, madame.

JEANNE. J'ai des torts à réparer envers vous et envers votre maître, capitaine!... commençons par vous. J'ai plus à faire à votre égard... je ne vous ai pas rendu grâces encore de votre vigilance, de votre zèle à découvrir un complot dont il n'a pas tenu à vous de m'épargner les périls... ce n'est qu'en me sauvant, au prix de votre sang, des suites de mon imprudence, que vous m'en avez punie!.. recevez ici le témoignage de ma reconnaissance, et permettez qu'elle ne soit pas stérile... la place de camerlingue du palais sera vacante bientôt..... le comte Lorenzo Alopo cessera de l'occuper... veuillez l'accepter avec le titre de comte.

OLIVIER. Mille grâces, madame... mais je refuse de prendre la place et les dépouilles du comte Lorenzo.

JEANNE. Et pourquoi ?

OLIVIER. J'aime mieux être capitaine des hommes d'armes... à la veille d'une guerre terrible que chaque instant rend plus inévitable... il y a meilleure chance pour continuer ma mission de dévouement que la soirée d'hier a commencée.

JEANNE. Qu'il en soit ainsi que vous le désirez... Il me fait peine cependant de songer que je ne puis vous récompenser des risques que vous avez bravés pour moi que par les nouveaux périls où je vous expose... Et maintenant parlons de votre maître, qui a demandé ma main.... sa recherche m'honore et me flatte, et, si l'estime seule eût pu me dicter mon choix, je n'aurais pas même hésité entre lui et les princes qui se sont présentés; mais devant vous, Olivier, qui avez conquis à jamais toute ma confiance, devant vous, déjà mon vieil ami, je puis parler à cœur ouvert... la voix de mon peuple m'accuse d'une préférence aveugle pour un jeune gentilhomme, dont la valeur téméraire ne la justifie peut-être pas entièrement... La voix de mon peuple a tort et raison à la fois... cette préférence existe, je ne puis le nier; mais elle est chaste et légitime.... je ne suis point la maîtresse de Lorenzo, mais aujourd'hui je serai sa femme.... il n'est point mon amant au moment où je vous parle, mais ce soir il sera roi.

OLIVIER. Que dites-vous?

JEANNE. La vérité!.. quoi qu'il arrive, quelque malheur que ce choix doive attirer sur ma tête, il est irrévocable... le ciel, qui a fait rencontrer nos deux destinées, doit les réunir pour jamais... vous voyez que je ne puis laisser aucune espérance à votre maître, mais ma réponse ne peut l'affliger... Jacques de Bourbon ne peut avoir d'amour pour moi... nous ne nous connaissons pas.

OLIVIER. Qu'en savez-vous, madame?.. et si, au contraire, cet homme, ce prince, que sa destinée réserve à toutes les souffrances... qui, jeune encore, a déjà subi deux captivités à l'étranger et dans sa patrie, s'il était à Naples, inconnu, déguisé depuis plus d'un mois, vous suivant à toute heure, en tout lieu, d'un œil jaloux et d'une pensée infatigable... s'il vous avait, avec attendrissement, vue, bonne et charitable, ôter un diamant de votre couronne pour le jeter dans le haillon du pauvre... s'il vous avait avec admiration vue, noble et courageuse, braver tous les périls sans autre défense que votre magnanime confiance, et vous offrir désarmée aux assassins!.. noble exemple que vous croyiez suivi par eux... si enfin il était en proie à tous les tourmens d'une passion bien fatalement prédestinée, puisqu'elle ne veut pas être guérie et ne peut pas être partagée maintenant; car tout ce que le peuple disait si haut dans ses murmures, tout ce que vous annoncez en ce moment, son cœur en bouillonnait déjà plein de rage et de jalousie; si envieux, sombre, désespéré, il errait depuis long-temps sur vos pas, comme un exilé auprès de la patrie qu'il a perdue;

s'il avait souvent mis ses jours en jeu pour rencontrer un de ces regards dont il n'attend qu'un arrêt de mort; si son amour, renonçant à ses droits sur vos affections, sur votre gloire, sur votre bonheur, s'était du moins uni avec vous dans vos périls et vos souffrances, cette part de votre vie dont vous n'avez pu lui refuser la moitié!.. ah! s'il en était ainsi, madame, mon maître ne serait-il pas digne de pitié, moins par ce que vous lui refusez encore que par tout ce que vous accordez à un autre!..

JEANNE. Que dites-vous? je ne comprends point... Oh! je ne puis croire aux événemens étranges que vous supposez... non, j'ai déjà assez à me reprocher vis-à-vis de votre maître, sans qu'il ait encore de nouvelles souffrances à m'attribuer... Quoi qu'il en soit, veuillez lui faire transmettre ce paquet cacheté... j'espère qu'il y trouvera des marques de mon estime qui pourront adoucir ce que mon refus a de cruel, mais ma destinée entière appartient au comte Lorenzo, et Jeanne II sera reine avec lui, ou, sans lui, elle tomberait seule; car elle sent bien qu'elle ne peut plus se maintenir, faible femme, sur ce trône sous lequel s'agitent tant de factions et que tant de chocs ennemis vont ébranler..... Vous me direz si le comte Jacques est satisfait de ce que je lui offre, pour dédommagement d'une union qui ne lui eût point donné, peut-être, tout le bonheur qu'il mérite... (*Voyant Olivier qui ouvre la lettre.*) Que faites-vous?

OLIVIER. Le comte Jacques vous remercie, madame; il trouve en cet écrit de nouveaux sujets d'estime pour vous, et de douleur pour lui!.. mais le comte Jacques était, il y a un instant, capitaine de vos hommes d'armes, c'est tout ce qu'il ambitionnait... car ses fonctions lui donnaient la place la plus voisine d'une mort glorieuse et douce, elle eût été pour vous!... Mais le comte Jacques, d'après ce que vous lui annoncez, déserte un poste où il ne serait plus que le serviteur d'un roi et non de la reine, le défenseur de qui n'en a pas besoin... il jette à vos pieds cette épée qu'une autre épée ne vous permettra pas de regretter sans doute.... seulement, il vous suit du regard, et, si jamais tout vous manquait, même cet autre appui, il reviendrait.... Dieu fasse en votre faveur que l'occasion de ce dernier devoir soit encore éloignée pour lui!...

Il jette son épée aux pieds de la reine.

SCENE III.

JEANNE, *seule.*

C'était lui!.. ce dévouement, c'était de l'amour!.. ce capitaine, c'était un prince!.. Oh! combien j'ai été ingrate!.. puisse Lorenzo, quelquefois si coupable pour moi, me rendre tout ce que je lui ai sacrifié en rejetant un si noble époux!.. On vient! Qui entre ainsi sans être annoncé?... ce doit être Lorenzo.... non.... c'est son écuyer Matteo.

SCENE IV.

JEANNE, MATTEO.

JEANNE. C'est vous, Matteo? vous venez sans doute de la part de votre maître?.. qu'avez-vous à me dire?

MATTEO. Non, madame, je ne viens point de sa part; au contraire, je viens malgré lui.... et il serait capable de me tuer s'il savait...

JEANNE. Comment!.... que veut dire cela?

MATTEO. Ah! madame, pardonnez-lui, je vous en prie.

JEANNE. Comment, lui pardonner?

MATTEO. Consentez à le recevoir... de grâce...

JEANNE. Mais qui l'empêche....

MATTEO. Mais c'est votre altesse même.

JEANNE. Moi?.. expliquez-vous.

MATTEO. Cette nuit, mon maître m'a fait lever... il m'a fait jurer de ne parler à personne, et surtout à vous, de ce qu'il allait me dire... j'ai juré sur le salut de mon ame... et cependant, je manque à mon serment... mais comme c'est dans son intérêt, j'espère que le ciel me le pardonnera.

JEANNE. Après, après!..

MATTEO. Il m'a dit: La reine, par une résolution inattendue, mais irrévocable, me retire sa faveur, me dégrade de toutes mes dignités... dans quelques jours, ma disgrâce sera publique, je ne veux pas en subir l'affront... je pars ce matin même... dispose tout pour ce voyage... je te donne rendez-vous ici à dix heures... nous partirons ensemble, et je t'en dirai davantage plus tard.

JEANNE. Dix heures!.. mais le moment est arrivé!

MATTEO. Ah! madame, votre colère

ne peut être que juste; mais vous lui permettrez bien de chercher à obtenir son pardon en le méritant.

JEANNE. Tout ce que j'entends... je ne sais si je rêve.

MATTEO. Mais il faut, madame, pardonnez-moi de vous le dire, que vous l'ayez bien cruellement traité; car vous ne savez pas quels sermens il m'a fait faire...

JEANNE. Mais tu ne sais pas qu'il se joue de moi, tu ne sais pas qu'il se joue de nous deux! mais je ne l'ai pas banni... mais je le comblais de faveurs... mais je voulais le faire roi... mais il ne peut partir, il n'en a pas le droit... Il est attaché ici par la reconnaissance, par ses devoirs, par ses sermens. Va, dis-lui que je veux le voir à l'instant!..mais entends-tu ce que je te dis, que ce départ est une trahison?.. qu'il y va de ta tête et de la sienne! mais va à l'instant, va donc!

Elle le fait sortir vivement.

SCENE V.

JEANNE, *seule*, *puis* LE MAJORDOME.

Mon Dieu! mon Dieu!... Tout ceci est étrange, inexplicable: il me fuit au moment d'être roi, il trompe son vieux serviteur, il me trompe, moi!... Oh! si quelque infidélité!.... j'étais dédaignée!... Si moi, la reine, je n'étais que la seconde de son cœur.... un pis-aller peut-être; si un tel outrage m'était réservé!.. oh! il faut à tout prix que je sache... que je connaisse... mais je ne puis m'en fier à Matteo, car Matteo est tout dévoué à son maître... Matteo m'abuse peut-être! la première... je dois confier mes intérêts à des mains plus sûres; (*Appelant.*) A moi, grand majordome, allez à l'appartement du comte Lorenzo, et amenez-le-moi à l'instant!...

LE MAJORDOME. Mais, madame, j'ai cru entendre dire que le comte Lorenzo venait de sortir.

JEANNE. Sortir!.... se peut-il!.... il est donc vrai!... Eh bien alors, faites courir sur ses traces; et vous, pénétrez chez lui, forcez toutes les serrures!... apportez-moi tout ce que vous y trouverez, papiers, lettres... tout ce qui peut servir de témoignage... Allez! allez!... (*Le majordome sort.*) Oui, il me paiera cher sa trahison, lui et sa complice!... mais sa complice... quelle est-elle? Lorenzo depuis six mois n'a pas quitté la cour, et depuis six mois pas une femme n'a attiré ses regards... je n'avais à combattre dans son cœur que le souvenir d'une femme morte!.. et ce souvenir n'a pu être assez fort aujourd'hui pour lutter contre l'espérance d'une royauté!... non, il ne me fait pas même l'honneur de me préférer une rivale... il me fuit, parce qu'il ne m'aime pas!... parce qu'il est las de jouer avec moi un rôle qui lui pèse, parce qu'il trouve que le titre de roi ne le récompense pas assez de me consacrer sa vie!... et c'est pour lui, malheureuse, que j'ai sacrifié tout!... que j'ai dédaigné tant de princes et de rois!.. Pour lui, j'ai continué les scandales de Jeanne Ire; pour lui j'ai donné ma passion aveugle en spectacle à l'univers!..... pour lui j'ai foulé aux pied, ma dignité de reine et de femme, pour être trahie aussi publiquement que je l'ai préféré! (*Regardant les portraits.*) Oh! pardonnez-moi, mes ancêtres, mes nobles prédécesseurs, Guiscard, Robert le Sage, vous tous qui êtes morts de père en fils pour le salut de la patrie et l'illustration du royaume! qui êtes tous encore là, immobiles dans ce palais comme à votre poste d'honneur! toi surtout, Ladislas, mon frère! royal et vaillant soldat, pardonne-moi! je faisais monter cet aventurier sur ton trône, à côté de ta sœur! j'ai follement jeté sur les pas d'un parvenu toute cette gloire dont tu avais entouré notre royauté commune; oui, tu l'as vu, abandonnée à ce fatal penchant, j'ai méconnu ma mission de dévouement et de martyre. J'ai pour cet ingrat dégradé ma noblesse, opprimé le peuple, mis l'état en danger; je me suis attiré le mépris des hommes, l'indignation de l'église, la colère de Dieu... Ladislas, mon frère, pardonne-moi!..Non, tu te lèves, je le vois, tu me repousses du regard!... tu me dégrades du geste!... Grâce!... grâce!... je suis ta sœur... Mais non, ta sœur était une reine..... et cette femme qui est là, ce rebut de Lorenzo infidèle, ce jouet d'un favori qui l'a trahie, n'est plus de même race que toi. Entre princes de sang royal on ne se reconnaît pas au visage, mais à la couronne, et tu ne peux plus retrouver sur mon front celle que je prostituais au front d'un misérable!

SCENE VI.

JEANNE, LE MAJORDOME.

LE MAJORDOME. Madame, le comte Lorenzo était parti; on court sur ses traces.

JEANNE. Et vous n'avez rien trouvé chez lui?...

LE MAJORDOME. Nous avons visité son appartement, et enfin nous avons découvert ces lettres dans une cassette que nous avons brisée.

JEANNE. Des lettres... Enfin elles vont me révéler l'infâme qui était sa complice, sa maîtresse, sans doute. Grand Dieu!... ces lettres, ce sont les miennes, et ces hommes les ont vues. Honte et opprobre!...

LE MAJORDOME, *lui remettant une autre lettre.* Madame!... enfin une preuve décisive!.. on vient d'arrêter un paysan qui portait un message au comte Lorenzo, et qui, ignorant sans doute sa fuite prématurée, rôdait autour du palais, pour accomplir sa mission..... Voici l'écrit qu'il portait.

JEANNE. Donnez... donnez... (*Lisant.*)
« Cher Lorenzo, quelque précieux que
» soient les momens... il est un devoir
» que tu dois accomplir, puisque je n'ai
» pu le faire; un devoir dont l'oubli nous
» maudirait, si j'en crois mes pressenti-
» mens... Entre dans le cimetière qui est
» aux portes de la ville, et fais une prière
» sur la tombe de mon oncle Fabrizio, qui
» est mort de la douleur de ma perte après
» l'avoir causée; cette œuvre pieuse nous
» méritera sans doute le bonheur qu'es-
» père avec toi celle qui t'attend.

» FRANCESCA. »

Francesca!... se peut-il! est-ce un rêve?... N'est-ce pas assez des vivans pour me trahir? faut-il que les perfidies sortent pour moi de la tombe! Mais elles y rentreront, je le jure. Oui, j'ai paru imiter les fautes de Jeanne Ire, j'imiterai ses crimes, puisqu'on m'y force... Oui, ce palais fut le témoin de bien des meurtres, dont il se souvient encore.. Terribles confidences qu'il a gardées, et dont il fait pour moi des inspirations aujourd'hui. C'est ici que fut étranglé André de Hongrie avec le lacet que sa femme avait tissu elle-même. C'est ici que fut ordonnée la mort de Jeanne Ire, qui avait tué André de Hongrie. C'est ici que fut égorgé Charles de Duras, qui avait assassiné Jeanne Ire. De tant de formidables exécutions, il est resté dans ces murailles comme une odeur de sang! Dieu m'assiste!... je crois qu'elle me porte à la tête aujourd'hui!

Le majordome entre.

LE MAJORDOME. Madame! je vous annonce avec douleur que le comte Lorenzo est sorti de la ville par la porte de Pouzzole.

JEANNE. C'est impossible; d'après l'édit proclamé, ni lui ni aucun autre ne pouvaient sortir qu'avec un ordre scellé du grand sceau de l'état.

LE MAJORDOME. Il était accompagné d'un inconnu qui portait un de ces ordres dans toutes les règles. L'officier qui commandait à la porte de Pouzzole a dû le reconnaître pour valable.

JEANNE. Misérable Lorenzo! il a profité de l'accès facile qu'il avait dans le palais pour se servir frauduleusement des sceaux de l'état. Ah! ce dernier crime anéantit à jamais sa grâce. Mais on peut le poursuivre, le retrouver encore. A moi!... à moi!... à moi!... le chancelier... le connétable... le conseil d'état... Majordome, que tous mes dignitaires se rassemblent... Il y a trahison dans Naples, il faut qu'il y ait châtiment.

SCENE VII.

LE CONNÉTABLE, JEANNE, ALTAVILLA, *membres du conseil d'état au fond.*

JEANNE. Messieurs... messieurs... venez, oui... venez me faire raison d'un infâme, du comte Lorenzo, qui m'a trahie...

SFORCE. Qui vous a trahie? madame, quel est son crime?...

JEANNE. Quel est son crime!... Eh quoi!... il est défendu, sous peine de mort, de sortir de la ville dans l'état de trouble où elle se trouve; ce qui serait infraction coupable à la loi dans un particulier devient infâme perfidie dans un dignitaire que ses fonctions rendaient responsable de ma sûreté et de celle de l'état... et le comte Lorenzo, chargé de mes bienfaits, accablé d'honneurs, attaché ici par tous ses devoirs, par tous ses sermens, déserte en secret et traîtreusement son poste, sans une raison, sans une excuse, sans un prétexte... Et vous me demandez quel est son crime!... oui, on me demande quel est son crime!

SFORCE. Ah! si telle est la base de votre accusation, madame, oui, le comte Lorenzo est coupable; mais il ne l'est pas seul, à ce qu'il paraît... il a un complice que j'ignore... si par hasard ce complice, qui a favorisé et accompagné la fuite du comte, était dignitaire ou officier comme lui, il ne mériterait pas plus de grâce.

JEANNE. Oh! non! non!.. quand je voudrais pardonner, mon fidèle chancelier s'y opposerait, Marino, implacable contre toutes les trahisons d'état, mais pas si implacable que moi aujourd'hui.

SFORCE. Quelle sera la prison du comte Lorenzo ?

JEANNE. Qu'est-il besoin de prison quand le crime est avéré? pas de geôlier, un bourreau...

SFORCE. Et quels seront ses juges?

JEANNE. Pas de juges, un prêtre!

SFORCE. Il faut pourtant qu'il soit jugé; voulez-vous que le conseil d'état se charge de ce soin pénible?...

JEANNE. Le conseil d'état, soit... C'est dans son sein qu'il y a le plus de haine contre lui.

SFORCE. Lui et son complice s'il en a un...

JEANNE. Lui et son complice s'il en a un... Il croit, quand je fais tomber la tête de Lorenzo, que j'irai regarder à une autre.

SFORCE, *s'approchant de Jeanne.* Un mot, madame. Le droit de grâce vous reste toujours, et notre arrêt serait sans force peut-être devant les prières du condamné.

JEANNE. Je puis vous rassurer, écoutez... Je m'engage ici solennellement à renoncer à mon droit de grâce si Lorenzo et son complice sont condamnés par votre tribunal.

SFORCE, *s'avançant vers le prie-Dieu, à gauche.* Jurez-vous sur les devoirs et la foi royale, sur le salut de votre ame, que vous ne ferez aucune grâce, que vous ne ferez point évader le coupable, et que vous n'apporterez au cours de la justice, si terrible qu'elle soit, aucun retardement.

JEANNE, *la main sur la Bible.* Je jure sur mes devoirs et ma foi royale et sur le salut de mon ame, que moi, reine de Naples, je ne ferai aucune grâce au comte Lorenzo et à ses complices, quels qu'ils soient, après l'arrêt du tribunal; je jure que je ne les ferai point évader, et, pour plus de sûreté, pour vous prouver qu'il n'y aura ni rémission ni retard, que l'échafaud soit dressé à l'instant même, dans la cour du palais, et que l'exécution suive la sentence.

SFORCE, *au majordome.* Vous entendez ce qu'ordonne la reine, obéissez!... (*Un condottiere entre et parle bas à Sforze. A part.*) Ah! enfin on ne m'avait pas trompé, et ma haine me guidait bien. (*Haut.*) Madame, votre vengeance ne se fera pas attendre, le comte Lorenzo et son complice, qui avaient échappé à la vigilance de vos hommes d'armes, n'ont pu tromper celle de mes fidèles condottieri; on les a arrêtés sur la route de Pouzzole, on les ramène.

JEANNE. Déjà! (*Rouvrant la lettre de Francesca.*) Mais il m'avait trompée si indignement! qu'il en soit comme il est dit, le châtiment est juste.

SFORCE. Voici le comte Lorenzo et son complice.

SCENE VIII.

SFORCE, MARINO, JEANNE, LORENZO, *et* ALTAVILLA, *au fond.*

JEANNE. Grand Dieu! Marino.

SFORCE, *à part.* Pour moi deux obstacles de moins, un concurrent et un ennemi frappés d'un seul coup.

JEANNE. Quoi! vous, Marino! mais c'est impossible, vous n'êtes pas complice de Lorenzo?

MARINO. Je suis son complice; moi seul ai signé et fait valoir l'ordre qui lui ouvrait les portes de la ville.

JEANNE. Non! cela ne se peut; vous, mon vieil ami, mon plus fidèle serviteur, vous n'avez pas violé si odieusement la loi

MARINO. Il y a de ces circonstances extrêmes où la violation de la loi est le salut de l'état. Il y avait dans Naples un favori..... un favori! c'est le fléau d'un peuple, et j'ai dû l'éloigner à tout prix. J'espérais qu'il échapperait par la fuite et que j'expierais seul notre faute commune; mais, puisqu'il est repris, il faut que nos têtes tombent ensemble!... rien ne peut nous sauver. Mais je meurs content, j'entraîne dans ma tombe tous les dangers de l'état.

JEANNE. Non!... non!... Marino!..... vous ne pouvez être accusé, condamné, vous!... Il n'y a ni juge ni bourreaux pour un vieux et noble serviteur comme vous!...

MARINO. Il y a des juges et des bourreaux pour tout dignitaire qui a trahi ses devoirs, et j'ai trahi les miens. Madame, il n'y a plus de foi publique, il n'y a plus de confiance possible au peuple dans sa reine, il n'y a plus un jour de règne assuré pour vous, si vous violez outrageusement vos sermens sacrés et terribles. Je suis encore chancelier, et, avant de quitter les sceaux de l'état, je demande, au nom de la loi, à sceller l'arrêt de mort du comte Lorenzo et de son complice!..

JEANNE. Mon Dieu!..... mon Dieu!..... me condamneriez-vous à un parricide!

MARINO. N'espérez donc pas me sauver, madame; mais voulez-vous faire davantage pour moi?... voulez-vous me donner plus que la vie?... Faites choix d'un défenseur qui vous protége contre Sforce, Sforce l'ambitieux, Sforce le traître.

SFORCE. Marino!..

MARINO. Oh! je n'ai pas peur de toi, Sforce, tu n'es que mon juge!... Où donc aurai-je le droit de parler haut, sinon le pied sur l'échafaud!...

JEANNE. Ah! tant de douleur!... ma tête s'égare!

MARINO. Eh! bien, messeigneurs du conseil d'état, vous êtes nos juges; qui vous empêche de nous interroger?

JEANNE, *à part.* Oh! ils n'oseront peut-être condamner!... Messeigneurs, vous pouvez juger les deux accusés, d'abord le chancelier. Je veux interroger le comte Lorenzo. Mais soyez tranquilles, l'un ne vous sera pas plus soustrait que l'autre!

MARINO, *en sortant.* Mon Dieu!... veillez sur elle!... (*A Sforce.*) Maintenant vous pouvez répondre à mes accusations par un arrêt!

SFORCE, *le suivant.* Mon règne commence d'aujourd'hui.

Sforce, Altavilla et les conseillers sortent, avec les hommes d'armes qui emmènent Marino.

SCENE IX.

JEANNE, LORENZO; *puis* FRANCESCA.

Moment de silence.

JEANNE, *à part.* Pas un mot!... j'ai voulu savoir si quelque souvenir de mes bienfaits, si quelques remords battaient pour moi dans son cœur!.. rien.. le silence!.. l'indifférence! (*Haut.*) Me direz-vous, comte Lorenzo, pourquoi vous avez voulu vous soustraire à mes bienfaits, et m'abandonner aussi cruellement, moi qui cependant vous dévouais ma vie, moi qui mettais sur votre tête aventurière la couronne de tant de rois? J'avais droit à plus d'égards, du moins, convenez-en.

LORENZO. Je ne nie point mon crime, et je suis prêt à l'expier.

JEANNE. Quel en était le but?...

LORENZO. Je ne puis le dire.

JEANNE. Vous n'avez plus rien dans le cœur de tout ce que vous juriez y ressentir pour moi?

LORENZO. J'ai le sentiment de ma faute, et j'en attends le châtiment!...

JEANNE. Oh mon Dieu!... et malgré moi encore j'hésite à le frapper... et j'ai peur de le punir, lui qui a craint si peu de m'offenser!... Oh! s'il voulait demander sa grâce!... mais non, il est toujours immobile et insensible! Ingrat!... il aimerait mieux sa mort que mon pardon.

Bruit au dehors.

FRANCESCA. J'entrerai... j'entrerai... je veux parler à la reine!...

LORENZO. Quelle voix!... Francesca!...

JEANNE, *avec force.* Francesca?... Ah! qu'elle entre... Francesca! c'était la folle de Capri... Ah! elle, m'a payé de m'a pitié pour elle comme Lorenzo de mes bienfaits.

FRANCESCA. Grâce!... pour le comte!... moi seule suis coupable de sa fuite!..... Grâce!.. pour le comte!... (*Apercevant Lorenzo.*) Lorenzo!... ah! c'est lui!...

LORENZO. Que viens-tu faire ici, malheureuse?...

FRANCESCA. T'épargner la mort!

LORENZO. Dis la partager. Ah! non!... non, madame, ce serait pourtant trop horrible. N'est-ce pas, reine, que vous ne la frapperez pas?...

JEANNE. Ah! enfin!... comte Lorenzo, je vous vois tremblant et suppliant à mes pieds; vous retrouvez des larmes devant celle que vous avez trahie, pour sauver celle que vous aimez; mais vous ne la sauverez pas!

LORENZO. Elle aussi!...

FRANCESCA.* Mais moi seule l'ai entraîné dans ce crime, madame!... grâce pour lui. Ah! inexorable!... inexorable!... Lorenzo, nous sommes perdus.

Elle se jette dans ses bras.

JEANNE. Oh! c'en est trop, j'aurais peut-être pardonné, si cet amour insolent ne fût venu outrager mes regards; mais maintenant plus de grâce pour vous. Je sais qu'en vous frappant je frappe aussi mon vieux chancelier, que je commets un parricide; mais j'aime mieux ma vengeance que mon salut. Qu'on mène le comte Lorenzo au tribunal. Cette femme, qu'on s'en assure et qu'on attende mes ordres. (*On emmène Francesca et Lorenzo.*) Allez! allez!... oui ingrats, oui, vous mourrez tous deux!

SCENE X.

LE COMTE DE LA MARCHE, JEANNE.

LE COMTE. Non, madame, ils ne mourront pas!

JEANNE. Comte!...

LE COMTE. Ils ne peuvent mourir, madame; je vous avais dit que je revien-

* Lorenzo, Francesca, Jeanne.

drais aux heures de la mauvaise fortune, lorsque tout appui vous manquerait. Je ne croyais pas que cette époque fatale dût aussitôt arriver pour vous! Prêt à partir pour la France, je reparais en ce moment pour vous soustraire au plus grand danger qui vous ait jamais menacée... au crime... Reine, je sais tout, vous ne pouvez vous souiller d'un triple assassinat; il faut faire grâce!

JEANNE. Je ne le puis, j'ai fait un serment sacré.

LE COMTE. Le serment d'un forfait ne peut l'être.

JEANNE. Me parjurer serait toujours un crime.

LE COMTE. Le parjure ne peut être un crime là où il est le repentir.

JEANNE. Mais je n'ai donc pas droit de me venger de Lorenzo que j'aimais tant et qui m'a trahie?

LE COMTE. Croyez-vous qu'en le punissant, vous vous consolerez? Ah! madame, plus ceux que nous aimons nous font de mal, et plus, en le leur rendant, nous le partageons... plus nous souffrons des coups que nous avons portés... Et à qui donc appartient la clémence, sinon à l'amour?... Croyez-moi, quand le cœur qui faisait vivre le nôtre nous trahit, la seule consolation qui reste, c'est encore de lui faire grâce. Reine, il ne se peut pas que vous trempiez vos mains généreuses dans un sang innocent ou précieux. Non, non, vous ne livrerez pas ainsi votre couronne à Sforce, votre peuple à l'anarchie, votre ame aux remords!

JEANNE. Ah! il dit vrai; ce serait affreux la vengeance, je le sens; et maintenant, quand j'ai fait la blessure, je tremble devant le sang qui en va couler... Oh! Dieu a été bien cruel de me prendre au mot de ma colère... On sort du conseil, je crois, la sentence est portée.

LE COMTE. Non, non.... rien encore.... Courage, madame... songez à l'avenir.

JEANNE. L'avenir!.. moi sur qui pèsent tant de douleurs et de honte.

LE COMTE. Tant de honte? et où est donc votre crime, à présent? Vous vous êtes approchée d'un être malheureux; vous avez voulu essuyer ses larmes; sa douleur vous a touchée; cette passion plaintive gagna votre cœur; vous vous êtes laissé séduire à la souffrance.... N'était-ce pas là une noble excuse du généreux abandon de votre ame... aimant et vous croyant aimée, vous avez résisté chastement à ce penchant; vous avez voulu faire un obscur gentilhomme roi, plutôt que de devenir sa maîtresse; trahie par lui, enfin, vous allez lui faire grâce, et rendre le bienfait pour l'infidélité, la clémence pour la trahison... Qu'y a-t-il donc de si honteux là-dedans?.. Non, non, vous pouvez lever la tête encore, Jeanne II! On vous accuse, mais votre conscience n'écoute point les autres, et tôt ou tard elle sera écoutée de tous. Entre la douleur et le crime, vous avez pris le meilleur rôle, celui de souffrir noblement. Vous le continuerez. Prêt à repartir en France pour jamais, je veux que votre serment m'assure que je laisse à Naples une grande reine qui foulera aux pieds toutes les faiblesses du passé, et qui, désormais affranchie de généreuses et fatales illusions, va régner devant Dieu pour son peuple.

JEANNE. Ah! comte, votre estime rend la vie à mon ame, mais elle ne peut lui donner l'espérance.

OLIVIER. Adieu, madame, je pars.

JEANNE. Oh! non, non, ne sortez pas... il me semble que vous emportez avec vous mon dernier salut... Que résoudre, mon Dieu?.. Faites-moi oublier Lorenzo, mais laissez-moi le sauver du moins. Oh! c'est impossible... Il y a là mon serment... mon serment terrible, devant lequel mon repentir se briserait en vain... mon serment que j'ai fait plus fort que moi et que je ne puis violer... Comte, vous partez... mais si je l'ordonnais, resteriez-vous?

LE COMTE. Si vous l'ordonniez... ah! vous seriez bien impitoyable, madame. Imposer de vous voir sans cesse à qui n'est aimé de vous... Il n'importe. J'aurais donné ma vie ce matin pour vous sauver de l'attentat auquel vous étiez exposée. Ce danger est aussi grand maintenant, disposez de moi.

JEANNE. Le conseil revient... l'arrêt est rendu... Oh! ils n'auront pas osé condamner.

SCENE XI.

LE COMTE, SFORCE, JEANNE, CONSEIL D'ÉTAT *au fond*, *puis* MARINO, LORENZO, FRANCESCA.

SFORCE. Madame, l'arrêt du conseil, prononcé d'une voix unanime, est, pour les deux accusés, la mort!

JEANNE. La mort!

SFORCE. D'après l'ordre que vous avez donné vous-même, notre sentence est exécutoire à l'instant; tout est prêt pour le supplice dans la cour du palais, et les accusés vont y descendre.

JEANNE. Je ne ferai rien de contraire à mon serment, messieurs.

ALTAVILLA. Voici le comte Lorenzo, madame, qui passe avec son complice pour aller à la mort.

* JEANNE, *bas au majordome*. Amenez Francesca... (*A Lorenzo*.) Approchez, comte. Il n'y a que l'amour qui se venge, et j'aurais trop de regrets de m'être vengée de vous. (*A haute voix*.) Il est fait à notre chancelier pleine et entière grâce de sa peine, et celle du comte Lorenzo est commuée en un exil perpétuel.

SFORCE. Madame, vous ne pouvez ainsi violer votre serment. Dieu, qui vous l'a entendu faire, ne le permettra pas.

*Sforce, Altavilla derrière lui; Lorenzo, Francesca, au second plan; Jeanne, Marino, sur le devant.

ALTAVILLA *et* LE CONSEIL. Non, non!

JEANNE. Vous ne m'avez pas permis d'achever; messieurs, de quel droit interrompez-vous votre reine? Ce n'est point par moi que ces grâces sont accordées, elles le sont par un pouvoir plus fort que vous, connétable, plus fort que vous tous, plus fort que moi-même.

SFORCE. Par qui donc?

JEANNE. Par le roi!.. par Jacques de Bourbon, comte de la Marche, roi de Naples, de Sicile et de Jérusalem, par Jacques de Bourbon, comte de la Marche, mon maître et mon époux. A genoux, à genoux tous, à genoux devant lui... A genoux, moi la première.

Elle s'agenouille ainsi que tout le monde. Olivier s'élance vers elle et la relève.

LA TOILE TOMBE.

L'auteur ne veut pas laisser imprimer ce drame sans rendre grâce aux artistes qui ont plaidé si éloquemment sa cause devant le public. Il ne sera, je pense, que l'écho de la salle entière en disant que Mlle Georges, si majestueuse et si royale dans les quatre premiers actes, ne s'est jamais montrée tragédienne plus poétique et plus terrible que dans les dernières scènes. A côté de cette grande actrice, MM. Mélingue, Alexandre, Surville, Roger et Mme Charles C., ont créé avec bonheur et talent les principaux rôles de l'ouvrage. Les artistes chargés de personnages moins importans méritent aussi les remercîmens de l'auteur pour avoir concouru à l'ensemble, et il les prie d'en recevoir l'expression.

FIN.

PARIS. — IMPRIMERIE DE Ve DONDEY-DUPRÉ, RUE SAINT-LOUIS, AU MARAIS.

www.ingramcontent.com/pod-product-compliance
Ingram Content Group UK Ltd.
Pitfield, Milton Keynes, MK11 3LW, UK
UKHW021042180726
13838UKWH00004B/1964

9 782329 345499